AF311755

MÉMOIRE

HISTORIQUE,

CRITIQUE ET POLITIQUE,

Sur les droits de Souveraineté , rela-
tivement aux droits de Traite qui
ſe perçoivent en Bretagne.

M. DCC. LXV.

MÉMOIRE

HISTORIQUE,

CRITIQUE ET POLITIQUE,

Sur les droits de Souveraineté, relativement aux droits de Traite qui se perçoivent en Bretagne.

L A Déclaration du Roi du 21 Novembre 1763 ordonne, art. VII, la perception de deux sols pour livre d'augmentation *sur tous les droits généralement quelconques* qui se perçoivent dans l'étendue de la Province de Bretagne, soit au profit de Sa Majesté, soit an profit des États, Villes, Corps & Communautés de ladite Province, *à quelque titre que ce soit.* Cette Déclaration a été enregistrée le 5 Juin 1764. En conséquence de l'enregistrement, on a perçu

A ij

les deux fols pour livre fur quelques par=
ties de droits, & notamment fur les Octrois appartenant aux Villes. Les Etats
de cette Province ayant été affemblés au
mois d'Octobre fuivant, formèrent oppofition à l'Arrêt d'enregiftrement du 5
Juin. La Chambre des Vacations, à qui
leur Requête fut préfentée, reçut l'oppofition, & défendit de continuer la perception, fous peine de concuffion. Quelques jours après, les deux fols pour livre
furent demandés aux Etats, qui offrirent
un fecours extraordinaire de 700 mille
livres pour en tenir lieu. Ils comprirent
nommement les Octrois des Villes dans
les parties qui fe trouvoient rachetées par
ce fecours extraordinaire.

On n'examinera point fi la Chambre
des Vacations pouvoit, ou ne pouvoit pas
recevoir une oppofition à l'enregiftrement
fait, Chambres affemblées, d'une Déclaration rendue du propre mouvement du
Roi ; les fuites de cette affaire font devenues trop férieufes, pour s'arrêter à ce
point de forme. Mais il femble, 1°. que
les Etats ayant traité, fur la demande des
deux fols pour livre, poftérieurement à
leur oppofition, cette oppofition fe trouvoit anéantie. 2°. Qu'ayant enveloppé

(5)

nommément les Octrois des Villes dans les perceptions éteintes par le secours extraordinaire, leur intention n'a pas été d'affranchir d'autre partie que celle des Octrois, au-delà de ce qu'ils savoient leur être demandé. Il n'y avoit que cette prédilection qui rendît la spécification des Octrois nécessaire.

Cette spécification dont les Etats ont senti la nécessité pour assurer l'affranchissement des deniers des Villes, doit bien embarrasser ceux qui supposent que l'intention des Etats a été de racheter *toutes* les parties qui, leur étant étrangères, sont comprises dans l'art. VII. S'ils ont voulu tout racheter, pourquoi parler des Octrois ? Si l'accomplissement de leur vœu demandoit que les Octrois fussent nommés, pourquoi ce vœu, s'il se fût étendu aux deux sols pour livre des Fermes Générales, n'eût-il pas demandé qu'il en fût fait mention dans leur Délibération ? En un mot, dès qu'ils ont spécifié une partie étrangère à ce qui leur appartient, tout homme désintéressé doit penser que ce qui leur est étranger, & dont ils n'ont pas fait mention, n'a jamais fait partie de ce qu'ils ont compté racheter.

Les Négocians de Nantes & le Parlement de Bretagne en ont jugé autrement. Ils paroissent avoir pensé, 1°. que le Roi avoit demandé le consentement des Etats pour la perception des deux sols pour livre d'augmentation sur les droits de Traite appartenant à Sa Majesté ; 2°. que les Etats avoient transigé sur la totalité des objets de la perception des deux sols pour livre ; 3°. que malgré cette transaction, ils avoient regardé leur opposition comme subsistante, & persévéré dans le dessein de la faire juger.

On croit remarquer ici une nouvelle contradiction. Car si les Etats eussent compté racheter les deux sols pour livre des Fermes, s'ils eussent été bien persuadés que le rachat de cette partie étoit en effet consommé, que par conséquent la perception ne s'en feroit pas, comment pourroit-on supposer qu'ils ont regardé comme subsistante une opposition à une perception éteinte ? Quoi qu'il en soit, le Parlement a défendu, depuis la clôture des Etats, la perception des deux sols pour livre en sus des droits des Fermes Générales. L'Arrêt a été cassé : toute la France sait le reste.

En supposant dans l'opération des Etats quelqu'obscurité propre à faire naître des

(7)

doutes fur leurs intentions , relativement aux deux fols pour livre des droits de Traite appartenant à Sa Majefté, l'ufage & la poffeffion femblent devoir être les titres fur lefquels ces intentions ont pu être préfumées. Il eft certain que, fuivant l'ufage & la poffeffion, il ne doit être fait , & qu'il ne fe fait réellement aucune *levée* en Bretagne que fur le confentement des Etats. Les Fouages , le Vingtième des immeubles réels ou fictifs, la Capitation, &c. en font des exemples. Ces *levées* font demandées tous les deux ans à l'Affemblée de la Province, & c'eft fur fon confentement qu'elles fe font. Il eft certain auffi que, fuivant l'ufage & la poffeffion, les Etats ne font jamais confultés, & ne demandent jamais à l'être, fur la perception des droits de Traite : l'ufage & la poffeffion conduiroient donc à tirer ces deux conféquences. 1°. Que fi les Etats euffent compté racheter, par le fecours extraordinaire, la perception des deux fols pour livre fur la partie des Traites, ils euffent fenti l'indifpenfable néceffité de l'énoncer, de même qu'ils ont énoncé les deux fols pour livre des Octrois des Villes qui, fans cette énonciation, euffent été perçus. 2°. Que s'ils euffent compté racheter la

A iv

totalité des deux fols pour livre, fur quelque partie qu'on eût dû les percevoir, ils
n'euffent parlé dans leur Délibération ni
des Traites, ni des Octrois, fe contentant
d'exprimer qu'ils rachetoient *l'univerfali-
té* des droits dont il s'agit dans l'art. VII de
la Déclaration du Roi.

Puifque cette route n'a pas été fuivie,
nous devons préfumer qu'on s'eft déterminé par le fond & par la nature des chofes. On a fuppofé fans doute, d'après le
principe univerfellement avoué, (*qu'aucune levée* ne peut fe faire en Bretagne
fans le confentement des Etats ;) qu'en remontant à des fiècles plus éloignés, on
trouveroit des titres contraires à la poffeffion. Cette voie étoit certainement la
plus sûre. Mais ne devoit-elle pas engager
à fe livrer fans diftraction à la recherche
& à l'examen des titres qu'on fe flattoit
de trouver ? Cette recherche fembloit devoir précéder toute décifion, même pro-
vifoire, dès que l'ufage & la poffeffion ne
paroiffoient pas devoir obtenir la provi-
fion qu'on leur accorde dans toute autre
circonftance.

On taxeroit au moins de précipitation
un Particulier qui formeroit obftacle à
l'exercice des droits d'un autre, fans s'être

muni de titres ou décisifs, ou apparens. N'y auroit-il que de la précipitation à mettre obstacle, sans titre, à l'exercice des droits du Souverain ? Si l'on a cherché des titres, & qu'on en ait trouvé, le mystère qu'on a fait de cette découverte est inconcevable. Si après des recherches sérieuses on n'a pu en recouvrer, il seroit difficile de donner des motifs plausibles d'une défense provisoire de percevoir. Enfin, si l'on s'est reposé sur l'espérance de trouver un jour les pièces que le moment & le respect dû au Souverain rendoient si étroitement nécessaires, & qu'on n'ait fait aucune recherche pour contredire l'usage & la possession, cette marche devient infiniment plus difficile à concevoir.

Il seroit injuste de ne pas avouer qu'en général le principe, *qu'aucune levée ne peut se faire en Bretagne sans le consentement des Etats*, est bien propre à retenir dans une espèce d'inaction. Ce principe est devenu pour les Bretons une espèce de proverbe. Ceux qui ont assez peu étudié la nature & l'antiquité des droits de Traite, pour les confondre avec ce qui fait l'objet des *levées*, peuvent donc se croire suffisamment en sûreté, en se retranchant dans un proverbe national qui leur paroît étendre à toutes fortes de contributions, la nécessité du consentement des Etats. Mais cette logique suffisante dans la conversation, ne l'est pas quand il s'agit de prononcer sur les droits du Souverain, & sur-tout d'en empêcher l'exercice. Un coup d'œil général sur les titres qui fixent l'étendue & les bornes du principe qui établit la nécessité du consentement des Etats, va nous en convaincre.

Fondemens de la maxime établie en Bretagne, qu'aucune levée ne peut se faire sans le consentement des Etats.

Soit qu'on rapporte aux droits de la propriété, la nécessité du consentement des Etats ; soit qu'on fasse découler ce principe de l'ancien droit féodal, suivant lequel le Seigneur Supérieur, en remontant de degré en degré jusqu'au Souverain, ne pouvoit faire de levées que dans son domaine direct & sur ses vassaux immédiats ; la maxime qu'on tient en Bretagne n'en est pas moins certaine. Les titres qui sont parvenus jusqu'à nous sont absolument univoques sur cet article. Il est sans exemple, avant & depuis l'union de cette province à la Couronne, qu'il se soit fait, sans réclamation, aucune levée qui n'ait été consentie par les Etats.

Aussi la Duchesse Anne eut à peine épousé Charles VIII, que les Etats députerent pour être maintenus dans cette ancienne possession, & ils obtinrent une Déclaration conçue en ces termes : » *Item*, » nous avons déclaré & déclarons que » notre vouloir & intention n'est pas de » *lever* & faire *lever* dorénavant aucuns » fouages, aides & subsides sur les Sujets » du Pays & Duché de Bretagne, sinon » ainsi, & par la forme & manière que les » Ducs de Bretagne ont accoutumé de » faire, le temps passé (1).

Le jour même de la signature du contrat de mariage de la même Princesse avec Louis XII, ce Prince accorda aux Bretons un article semblable : » *Item*, dit-il; » que en tant que touche ès impositions » des fouages & autres subsides *levés* & » *cueillis* audit pays de Bretagne , les » gens des Etats dudit pays soient convo-

---

(1) *V.* les articles accordés aux Bretons par le Roi, sur la remontrance des trois Etats, le 7 Juillet 1492. Preuv. de l'Hist. de Bret. par D. Mor. tom. 3 , col. 729.

» qués & appelés en la forme accoutu-
» mée (1).

Lors de l'union de la Province à la Couronne , François premier confirma tous les *privileges*, *franchifes*, *libertes & exemptions*, dont les Bretons avoient ci-devant joui : & il n'eft pas douteux que celui-ci n'y fût compris (2).

Peut-être que dans la fuite la néceffité des temps ne permit pas toujours d'atten-dre l'affemblée des Etats pour faire des levées extraordinaires , dont le befoin étoit urgent : mais fur les remontrances des Etats , la maxime de la néceffité de leur confentement a toujours été gardée, & c'eft pour la conferver dans fon intégri-té , que s'eft introduit l'ufage d'affembler de *petits Etats* dans l'intervalle d'une te-nue à l'autre , lorfque les befoins publics ont exigé ces affemblées extraordinaires. C'eft ce qu'on lit dans l'art. XIII de l'Edit de Henri III du mois de Juin 1579 : » Do-
» rénavant nous ne ferons & permettrons
» être *levés* aucuns deniers extraordinai-

---

(1) *V. ibid.* col. 816 , les articles accordés par Louis XII au mois de Janvier 1498, touchant les priviléges , droits, &c. de la Bretagne.

(2) *V. ibid.* col. 1000 , les priviléges de Bretagne con-firmés par François premier au mois d'Août 1532.

» rement sans la convocation des Etats an-
» nuels dudit pays : néanmoins nous en-
» tendons que quand il se présentera occa-
» sion, & sera besoin faire *levée* de de-
» niers devant ou après la tenue desdits
» Etats, qu'il sera assemblé une forme de
» *petits États*, pour pourvoir & faire ce
» qui sera nécessaire, sans remettre les
» affaires à ladite tenue des Etats an-
» nuels (1).

Enfin de tenue en tenue cette maxime est répétée dans le contrat passé entre MM. les Commissaires du Roi & les Etats de la Province. Ce contrat porte toujours : » Accordent Nosseigneurs les Commis- » saires, que pour quelque cause & pré- » texte que ce soit, il ne sera fait *aucune* » *levée de deniers* dans la Province, *sans* » *le consentement exprès des Etats*.

La nécessité de ce consentement est donc le droit le mieux établi, le privi- lége le plus incontestable. Il est entier & en vigueur comme dans les premiers siècles de la souveraineté de Bretagne. Plus il est respectable, plus il est protégé

---

(1) *V. ibid.* col. 1447, l'art. 13 de l'Edit de Henri III du mois de Juin 1579, rendu sur les remontrances des Etats.

par Sa Majesté ; plus aussi il devient juste & indispensable de connoître exactement en quoi il consiste. C'est à la fois l'intérêt du Souverain & celui de ses peuples; afin que si d'un côté le Souverain s'impose la loi de ne rien *lever* sans le consentement de ses Sujets, les Sujets sachent se renfermer dans les bornes de leur privilége. Ce seroit s'égarer que de regarder des *libertes* & des *franchises* comme des titres universels d'indépendance. On vient de voir que le privilége des Bretons s'étend à toutes les *levees* de deniers : renferme-t-il le droit de consentir à toutes les *perceptions ?*

Distinctions nécessaires entre les différentes espèces de contributions *que les Sujets fournissent à l'Etat.*

La variété des expressions annonce évidemment de la diversité dans les choses. Quand ces choses ont entre elles quelque analogie, on peut les embrasser toutes par un terme générique : mais quand on veut désigner exclusivement un rameau particulier lié à un tronc commun, on ne peut s'énoncer avec clarté qu'en abandonnant l'expression générique, pour employer le terme fpécifiquement propre à ce qu'il s'agit de défigner. Tout mot introduit dans une langue ne répond fpécifiquement qu'à une idée. C'eft par cette raifon qu'il n'y a point de termes fynonymes. Il eft donc certain que puifqu'on a imaginé des termes différens, qui tous fe rapportent à l'idée générale de *contribution*, il faut qu'on ait démêlé des différences entre les diverfes manières de contribuer. *Contributions*, *levées*, *fubfides*, *impôts*, *taxes*, *droits*, font des mots dont chacun en particulier répond à une idée diftinête. *Contribution* paroît être l'expreffion générique qui renferme le fens propre de toutes les autres.

La confufion des termes, & par conféquent des idées, eft univerfelle fur cette matière, & les gens qui réfléchiffent n'en feront pas étonnés. Les termes propres aux fciences confervent perfévéramment le même fens, parce que ceux qui parlent ou qui écrivent fur des matières au deffus de la portée ordinaire des hommes, ont le plus grand intérêt à s'exprimer avec précifion. Mais comme les contributions s'étendent à tous les états, à toutes les conditions, que les gens du petit peuple ont à parler de la même chofe que le Receveur, le Bourgeois & le Gentilhomme ; les précifions habituelles font devenues impoffibles ; il s'eft introduit dans les idées une confufion qui a corrompu en très-peu de temps le fens propre & primitif de cha- que mot en particulier. En conféquence, il devient égal pour les contribuables de prefque toutes les claffes, de nommer ce qu'ils payent un *fubfide*, un *impôt*, des *taxes*, des *droits*, des *levées*.

Mais au moment qu'il s'élève une diffi- culté, & une difficulté majeure fur l'éten- due ou les bornes d'un privilége relatif aux contributions ; dès qu'il devient effen- tiel de pofer, pour ainfi dire, des limites entre l'autorité & la dépendance, la dé- termination fixe & précife d'un mot pris dans un fens plus ou moins étendu, de- vient fi importante, qu'elle conferve à peine l'apparence d'une difcuffion gram- maticale.

Pour parvenir à démêler plus aifément le fens de différens mots analogues, la voie la plus fûre eft d'examiner en elles- mêmes les chofes auxquelles ces mots peu- vent s'appliquer : par exemple, de quelque dénomination qu'on fe fervît pour défi- gner l'efpèce de contribution qu'on nom- me *vingtième*, perfonne ne la confondroit

avec

avec celle qu'on nomme *Capitation*. La première ne peut tomber que fur ceux qui poffèdent des immeubles réels ou fictifs ; l'autre s'étend à quiconque peut fubfifter, ou par le revenu de fes immeubles , ou par fon travail. On faifit avec la même facilité une différence entre ces deux objets de contribution, & celle qui dépend de l'achat des chofes dont la confommation eft forcée, comme la gabelle. La contribution des confommateurs eft manifeftement & en foi très-différente de celle des contribuables au Vingtième & à la Capitation. Cependant ces trois efpèces de contributions, quoique très-différentes entr'elles , ont un caractère commun , c'eft d'être inévitables en elles-mêmes , car les immeubles font garants du payement du Vingtième , le payement de la Capitation & de l'impôt fur le fel , eft affuré par les meubles de quiconque n'eft pas réduit au dernier degré de mifère. Ces obfervations conduifent naturellement à faire une claffe féparée des contributions volontaires, c'eft-à-dire, de celles qui réfultent de la vente exclufive de certaines chofes, comme par exemple , le *tabac*. Il eft impoffible de regarder comme une *levée*, une contribution que cha-

* B

cun eſt maître de rendre, ou plus foible, ou plus forte; à laquelle chacun peut même ſe ſouſtraire complétement. Une infinité de perſonnes ne prennent point de tabac, & par conſéquent ne participent en rien à cette branche de contribution; les plus riches peuvent s'en exempter comme les plus pauvres. Pourroit-on ſe flatter d'être entendu, s'entendroit-on ſoi-même, ſi on donnoit le nom de *levée* à une contribution à laquelle on n'eſt aſſujetti que quand on veut, dans la proportion qu'on veut, & à laquelle chaque Particulier a une pleine liberté de ſe ſouſtraire? Cette pleine indépendance eſt-elle applicable au Vingtième, à la Capitation, aux contributions réſultantes des conſommations forcées, en un mot aux *levées*?

Mais de toutes les manières de contribuer aux charges de l'Etat, celle qui paroît, ſans comparaiſon, la plus éloignée de l'idée qu'on attache au mot *levée*, c'eſt celle qui conſiſte dans le payement des droits de *Traite*. Ceux qui ſont placés dans un état de médiocrité, & ceux qui ſont réduits au ſimple néceſſaire, ne participent pas le plus légèrement à ce genre de contribution. Les gens riches même pourroient remplir tous leurs befoins fans payer la moindre portion des droits de Traite. La Bretagne fuffit pour leur fournir abondamment des alimens, des vêtemens, des ameublemens, enfin tout ce que peut procurer la richeffe, pourvu qu'elle ne s'élance pas dans les écarts du luxe & de la fuperfluité. Voilà donc la portion la plus nombreufe, & prefque la totalité des Habitans de la Province, qui dans le fait ne contribuent en rien aux droits de Traite, ou qui du moins font maîtres de n'y pas contribuer. La contribution n'eft inévitable que pour ceux qui veulent fe jetter dans le luxe, ou fatisfaire des goûts factices & de pure fantaifie. Or, comment pourroit-on regarder comme une *levée fur la Bretagne*, des droits qui ne font inévitables que pour les gens *luxueux* ou fantafques ; des droits auxquels tout le monde eft maître de fe fouftraire, & auxquels ne contribuent jamais, ou prefque jamais, ceux même dont la fortune eft bornée, & à plus forte raifon la claffe innombrable de ceux qui font dans le befoin, & fouvent dans une efpèce d'indigence ?

Mais un caractère infiniment plus éminent, fert encore à diftinguer les Traites de toutes les autres efpèces de contribu- tions.

Dans ces fiècles barbares, où les Souverains tenoient à peine d'une main les rênes d'une adminiftration peu différente d'une véritable Anarchie, & ces fiècles font plus nombreux que ceux où le bien public eft né de l'ufage d'une légitime autorité, les droits de Traite pouvoient n'être regardés que comme une contribution des régnicoles & des étrangers. Il y a cependant quelques exemples, en Bretagne même, que les Souverains en ont fait un meilleur ufage. Mais depuis que dans l'Etat il n'y a plus de fujets affez puiffans pour pouvoir tyrannifer impunément d'autres fujets, en un mot, depuis qu'il y a un gouvernement, une adminiftration, les Traites ne font pas un fimple moyen de contribution. Elles font devenues un inftrument, un reffort politique, dont toute l'action eft dirigée vers le bien public. C'eft ce qu'on établira dans la fuite fur une multitude d'exemples. On fera voir que les Etats eux-mêmes connoiffent toute l'utilité de ce reffort politique pour la Bretagne, &qu'ils en ont fait remon-

ter l'ufage jufqu'au règne de Louis XII.
Mais de combien l'importance de ce reffort ne s'eft-elle pas accrue, tant pour le
commerce intérieur qu'extérieur, depuis
que les chemins devenus faciles d'une ex-
trémité du Royaume à l'autre, les rivières
rendues navigables, ou fuppléées par des
canaux, la navigation fortifiée par la découverte de la bouffole, ont fait difpa-
roître les barrières qui rendoient les com-
munications impoffibles ; enfin , depuis
que la barbarie chaffée de tous les Etats
de l'Europe, a fait place à des traités de
commerce qui ont pour ainfi dire converti
les intérêts particuliers des Nations en
un intérêt commun? Après de tels chan-
gemens dans le phyfique & le moral des
Etats, l'intérêt réfultant du produit des
Traites, dont les Princes pouvoient autrefois être avides, a fait place à un intérêt
plus digne des Chefs de Nations. Ainfi de
quelque façon qu'on envifage les droits
de Traite, foit relativement aux autres efpèces de contributions, foit relativement
aux reffources politiques, il faudroit igno-
rer tout principe d'adminiftration , pour
les ranger dans la claffe des contributions
auxquelles on peut donner le nom de
levées.

B iij

Ce détail fur les différentes efpèces de contributions, tout fommaire qu'il eſt, fuffit pour faire fentir combien il importe aux Bretons de favoir exactement ce qu'on doit entendre par le mot *levée*; car fi les *levees*, qui font l'objet effentiel, mais l'objet *unique* du privilége qui établit la néceffité du confentement des Etats, n'embraffent pas les droits de Traite, il s'enfuivroit que faute de s'entendre eux-mêmes, & contre leur intention, leur méprife à l'égard des deux fols pour livre les rendroit coupables de réfiftance à la volonté jufte de leur Souverain. Il leur importe donc beaucoup, je le répète, de favoir exactement quelle idée on doit attacher au mot *levée*, & de le circonfcrire de façon à jouir avec connoiffance de toute l'étendue du privilége, & à éviter pour jamais le péril de s'écarter par ignorance des bornes d'une obéiffance légitime.

Les diffemblances qu'on vient de faire remarquer entre les différentes efpèces de contributions, devroient fuffire pour prévenir toute confufion entre les droits de Traite & les *levées*. Le caractère effentiel de celles-ci eſt de ne pas dépendre de la volonté des contribuables, & d'embraffer la partie la plus nombreufe, & fouvent

(23)

même la totalité des Citoyens. C'eſt ainſi
que la *levée* du Vingtième tombe ſur
tous les Propriétaires , celle du Fouage
ſur tous les biens roturiers , la *levée*
de la Capitation ſur tous les Habitans.
Mais pour répandre plus de jour encore
ſur cette matière, on va appliquer des eſpèces à chacun des mots qui forment les
ſubdiviſions du mot *contributions*.

On regarde ce terme comme générique, parce qu'il renferme le ſens de tous
les autres termes analogues. Que le payement ſoit volontaire, comme dans le cas
du tabac & des Traites, ou qu'il ſoit in-
volontaire , comme dans le cas du Vingtième & de la Capitation; ceux qui payent
contribuent aux revenus de l'Etat.

Levée , eſt auſſi un terme générique,
mais en ſous-ordre, en ce qu'on ne peut
l'appliquer qu'aux contributions involontaires. Le Vingtième eſt une *levée ;* ce
n'en eſt pas une que l'exercice du privilége excluſif de la vente du tabac.

L'*impôt* eſt une contribution habituelle
& permanente ; comme la Capitation , la
Taille , la Gabelle.

Les *ſubſides* ſont des ſecours extraordinaires & paſſagers qu'exigent des circonſtances preſſantes, mais éventuelles , dans

lefquelles fe trouve l'Etat. Des *impôts*, des *taxes*, des *droits* peuvent être féparément ou enfemble un *fubfide*. Ce qui leur fait perdre alors leur dénomination propre pour prendre celle-ci , c'eft l'*urgence* du befoin & la célérité du fecours.

Les *taxes* font des contributions involontaires ; mais qui diffèrent des levées , en ce que les *taxes* ne tombent que fur un petit nombre de perfonnes relativement au corps de la Nation.

Les *droits* font une addition au prix marchand des denrées ou des marchandifes, laquelle tourne au profit du Souverain.

D'après ces définitions, il femble qu'on s'exprimeroit clairement & correctement en difant : Tous les fujets du Roi ne font pas en état de fournir une *contribution* égale en quantité, & de même efpèce ; mais tous *contribuent* aux revenus de l'Etat, quoique par des moyens divers & dans des proportions différentes.

Les *levées* font plus onéreufes par l'inégalité des répartitions & par la dureté de certains Collecteurs, que par les fommes qu'elles enlèvent aux contribuables.

L'Etat feroit fans défenfe au dedans

& au dehors, si le produit des *impôts* ne lui fournissoit pas un revenu fixe.

Les projets les mieux concertés peuvent échouer par des événemens qu'il est au-dessus de la prudence humaine de prévoir ; il devient indispensable alors d'avoir recours à des *subsides*, & le salut de l'Etat peut dépendre de la promptitude avec laquelle ils sont fournis.

Lorsque les peuples sont épuisés par des *contributions* ordinaires & extraordinaires, il devient indispensable & juste de recourir aux gens riches, en les faisant contribuer personnellement par des *taxes*.

L'impossibilité où se trouvoient les Souverains, pendant les ravages du droit féodal, de défendre leurs Etats & contre leurs grands vassaux, & contre les Puissances étrangères, a entraîné la nécessité d'augmenter les revenus publics, en établissant des *droits* sur les denrées & les marchandises.

Depuis que les peuples de l'Europe sont policés, les *droits* d'entrée & de sortie sont devenus par-tout un instrument de commerce politique. Les *droits* alternativement augmentés, modérés, ou totalement supprimés sur certaines denrées ou marchandises ; tantôt les retien-

nent ou en favorifent l'introduction, tantôt repouffent celles de l'étranger, & fa-
cilitent l'exportation de celles du pays.

Les bons citoyens fe font toujours fou-
mis aux *contributions* fans murmure,
parce qu'ils en fentent la néceffité.

C'eft diminuer le fardeau des *levées*,
que de choifir le temps de la vente des
denrées pour travailler au recouvrement.

La néceffité d'augmenter en France
les forces de terre & de mer pour fe trouver en proportion de défenfe avec nos
voifins, a fait convertir en *impôt* la Capitation, qui dans fon origine n'étoit
qu'un *fubfide*.

Le dédommagement des *taxes* fert
quelquefois de prétexte aux Officiers de
Juftice & de Finance pour juftifier la dureté de leur geftion.

Le payement des *droits* eft de toutes
les contributions la plus infenfible.

En France les *impôts* font régis & *levés* ; les *droits* font affermés & *perçus*.

La Bretagne en particulier fournit des
contributions de plufieurs efpèces. Les
levees qui s'y font confiftent en différens
impôts, comme le Vingtième, la Capitation, les Fouages, les Aides des Villes. Il
feroit contraire à fes priviléges d'y établir

(27)

la Gabelle. Le vaiſſeau de cent canons qu'elle a donné au Roi, eſt un *ſubſide* ; c'eſt auſſi un *ſubſide* que l'augmentation des milices en temps de guerre. Pendant les dernières guerres, les propriétaires des Offices Municipaux & des Offices de Juſtice ou de Finance, ont été aſſujettis, en Bretagne comme ailleurs, à des *taxes*. Le Roi y perçoit ou à ſon profit, ou au profit d'engagiſtes, des *droits* ſur les denrées & les marchandiſes ſuivant de certains tarifs ; comme celui de la traite Domaniale, de la Prévôté de Nantes, des Ports & Havres, des entrées & ſorties dépendant de la ferme générale. Cette Province donne de plus un don gratuit qui ſe prend ſur les *droits* que le Roi permet aux Etats de faire percevoir ſur les boiſſons qui ſe vendent en gros & en détail (1). Ce don gra-

---

(1) Ces *droits*, par leur deſtination & par leur permanance, doivent être comptés au nombre des *levées* qui ſe font dans la Province. Ce qu'ils produiſent eſt regardé depuis très-long-temps comme le revenu d'un fonds, comme un revenu patrimonial. Des additions ſur cette partie ne pourroient ſe faire ſans le conſentement des Etats. On peut les comparer, à certains égards, à la Capitation, en ce que de ſimples *ſubſides* qu'ils étoient autrefois, ils ſe ſont convertis en *impôts*. Auſſi dans le bail qui en eſt paſſé tous les deux ans au profit des Etats, ſe ſert-on des mots *lever* & *impoſer*.

tuit fert de complément aux autres *con-*
tributions de la Province.

Pour fe fortifier dans la perfuafion que
le fens qu'on vient d'attacher à ces différens termes eft le véritable, le lecteur n'a
qu'à tranfporter de l'un à l'autre les phrafes qu'il vient de lire. Le mot *contribu-*
tion fera le feul qui ne fera point naître d'obfcurité dans l'efprit ; mais il y en
auroit fi l'on fe permettoit de dire, la
perception des droits de Capitation, de
Vingtième & de Fouage ; la *levée* des
taxes ou des *impôts* fur les denrées & les
marchandifes à l'entrée & à la fortie ; les
fubfides fur les Offices de Juftice & de
Finance, &c.

La conféquence naturelle de cette difcuffion eft, que les droits de *Traite*, &
par conféquent les deux fols pour livre
en fus de ces droits, n'établiffent pas une
levée ; & comme c'eft uniquement pour
les *levées* que le confentement des Etats
eft néceffaire, il eft fenfible que le Roi
n'a pas befoin de ce confentement pour
l'établiffement & la perception des deux
fols pour livre des droits de Traite.

*Les droits d'entrée & d'issue, c'est-à-dire,
les droits de Traite ont été de tout temps
dans la main des Souverains de Bretagne, & les Seigneurs particuliers qui
ont joui de quelques portions de ces
droits, les tenoient de ces Souverains,
ou n'en étoient que les usurpateurs.*

La Prévôté de Nantes est le plus ancien des Bureaux de Traite dont les titres
de Bretagne fassent mention. Ce Bureau
existoit dès le commencement du neu-
vième siècle, & peut-être long-temps auparavant. Les Normands ayant ravagé la
Ville de Nantes, l'Evêque eut recours
à *Erispoé*, Roi de Bretagne, pour rentrer dans les anciennes possessions de son
Eglise. Ce Prince le rétablit dans tous ses
droits, & le confirma en particulier dans
la jouissance de la moitié des droits de
Prévôté (1). On ne doutera pas que l'autre moitié ne restât, comme par le passé,

---

(1) Cujus precibus liben-
tissime annuentes, faventes-
que votis.... confirmamus
per hanc scripturam medietatem *Thelonei*, omnis mercimonii, undecumque ad
præscriptæ Civitatis portum,
sive navigio, sive alio quo-
libet modulo.... *deffluentis
& advenientis*.... Voyez le
tom. premier col. 140 &
141 des Preuv. de D. Mor.
qui, dans son Hist. pag. 44,
date cet acte de l'an 855.

dans la main du Prince , & que la portion dont avoit joui l'Eglife ne fût originairement un don, une dotation du Souverain.

Environ un fiècle après [*938*] *Alain Barbetorte* , par des motifs que l'Hiftoire ne nous a pas tranfmis, fit un nouveau partage des droits de Prévôté. Il ne s'en réferva que le tiers , donna l'autre [*concef-fit*] aux Evêques, & le troifième aux Vicomtes & aux principaux Seigneurs (1).

Voilà le caractère marqué d'un droit royal. Le Souverain peut en gratifier fes fujets, ou l'aliéner quand il veut ; mais il a le même pouvoir, la même liberté de le faire rentrer dans fa main quand bon lui femble (2).

______

(1) Alanus Barbatorta . . . *Theloneum* Nannetenfe, un-dè Epifcopi medietatem habere folebant, in tres partes divifit. Sibi primam partem retinuit, fecundam Epifcopie conceffit, & tertiam Vicomitibus proceribufque. *V. ibid.* col. 28.

(2) L'Evêque de Nantes ne jouit pas aujourd'hui du tiers des droits d'entrée & d'iffue de la Prévôté ; mais il jouit du tiers *de l'ancienne coutume* , dont les droits ne fe perçoivent qu'à *l'entrée.* Ce rapport du *tiers* concédé par Alain Barbetorte, avec le *tiers* qui fe perçoit au Bureau de la Prévôté au profit de l'Evêque, par la même pancarte & par le Receveur du Prince, pourroit faire imaginer que le *Theloneum* dont parlent les actes de 855 & de 938, n'étoit établi que pour les droits d'entrée, & que par conféquent ceux d'entrée & d'iffue n'exiftoient pas alors. Mais les textes qu'on vient de citer détruifent cette conjecture : *Omnis mercimonii* DEFLUENTIS ET ADVE-NIENTIS. Voilà ce dont

On ne sera pas étonné que dans un pays presque continuellement en guerre au dedans & au dehors, & dans des siècles où le gouvernement féodal existoit dans toute sa force, les grands Vassaux se permissent de projetter, & quelquefois d'exécuter des usurpations sur les droits les plus incontestables de la souveraineté. On en a des exemples par rapport aux droits d'entrée & de sortie; mais il est bien remarquable que les titres qui nous ont conservé la mémoire de ces entreprises, soient en même temps de nouvelles preuves du droit privatif aux Ducs, d'établir cette espèce de perception.

L'Evêque & le Chapitre de saint Malo s'avisèrent d'établir différens droits sur les marchandises qui entroient dans leur Ville ou qui en sortoient. Jean IV fit défendre cette perception. Il y eut à cette occasion des pourparlers entre ce Prince, l'Evêque

---

l'Evêque avoit la moitié du temps d'Erispoé, & dont il n'eut plus que le tiers sous Alain Barbetorte. Il y a bien de l'apparence que les Souverains de Bretagne rentrèrent dans la suite dans leurs droits d'*entrée* & d'*issue* comme ils étoient en droit de le faire, parce qu'il s'agissoit de leur Domaine propre alié-

né. Que cette expression *Domaine propre* n'étonne point ; Chopin, qui sur ces matières est une autorité supérieure, comprend les droits d'*entrée* & *sortie*, dans ce qu'il qualifie de *Domanium primarium Coronæ, innatum profeltiumque, quod initio rerum, Dominus Princeps retinuit.*

& le Chapitre. L'acte qui en fut le réfultat eft du 20 Juin 1365 (1). On y voit l'Evêque & le Chapitre de faint Malo avouer que cet établiffement étoit nouveau, & cependant, par une contradiction qui ne venoit fans doute que de l'impoffibilité de fe juftifier , chercher à s'excufer fur ce que leurs prédéceffeurs avoient impofé de femblables *fubventions*. Ils alléguèrent qu'ils avoient cru pouvoir le faire à caufe des *néceffités* qu'ils avoient éprouvées, & qu'ils éprouvoient encore , à raifon des guerres qui étoient en Bretagne , & de plus pour frayer aux dépenfes de la garde de leur Ville. Le Duc leur dit que c'étoit à lui , & à lui feul, qu'il appartenoit dans les limites de fon Duché d'établir de pareils droits *comme bon lui fembloit*, tant pour la garde de l'Eglife & du peuple de Bretagne, qu'autrement ; qu'ainfi *ils ne s'entremiffent de rien en lever , ne faire lever au temps à venir ;* leur offrant , comme ayant la garde des Eglifes , de leur envoyer des troupes *à fes propres coûts & dépens, pour les garder eux & ladite Ville, Bourgeois & Habitans d'icelle.*

Les termes propres de Jean IV & ceux

____

(1) *V.* cet acte dans D. Mor. t. 1 des Preuv. col. 1602.

de

de l'Evêque & du Chapitre ; déclarent
ouvertement quelle étoit en Bretagne la
notoriété des principes & des maximes
sur cette matière ; mais on reconnoît en
même temps, dans l'espèce de concordat
qui fut fait entre le Prince & les sujets,
l'ascendant du siècle en général, & celui
des circonstances en particulier. Jean IV
avoit affaire à un Evêque & à son Clergé ;
d'un autre côté, il avoit soutenu & il lui
restoit à soutenir des guerres ruineuses ;
il accorda la permission de continuer la
levée pendant trois ans (1). L'acte porte de

---

(1) Les mots *lever*, *levée*, *imposer*, *imposition*, *gabelles*, *subventions*, *subsides*, se lisent dans l'acte dont il s'agit, & on en retrouve quelques-uns dans d'autres titres, où, comme dans celui-ci, la précision des termes est plus que négligée. Voudroit-on en conclure que le privilége qu'ont les Bretons, de n'être assujettis qu'aux levées consenties, embrasse les droits de Traite ? Ce seroit porter à la Bretagne le coup le plus funeste. On vient de voir, & il sera démontré dans la suite, que la partie des Traites n'a jamais eu besoin de ce consentement. Il arriveroit donc, si l'on vouloit conclure, de ce que les mots *lever* & *levées* se trouvent dans des actes où il s'agit de droits de Traite, que ces droits sont soumis au consentement des Etats, il arriveroit, dis-je, que la maxime générale de la Province se trouveroit contredite par un fait très-ancien & très-décisif. Il deviendroit faux, au cas qu'on pût dire *lever des droits de Traite*, qu'il ne se peut faire des *levées* en Bretagne sans le consentement des Etats ; parce que rien n'est plus certain, plus incontestable, que l'antiquité de ces prétendues *levées*, sans que le

C *

plus » desquels émolumens & profits ;
» nousdit Duc, pour aider à soutenir les
» grands charges que nous avons à pré-
» sent.... aurons les deux parts ; & pour
» ce que ladite Cité a métier [besoin]
» de garde, & d'être tenue en paix & en
» bienveillance de nous, comme a été au
» temps de nos prédécesseurs, lesdits Evê-
» que, Doyen & Chapitre auront l'autre
» tierce partie, par la main de celui ou
» ceux qui, à ce lever, feront commis.

Dans la même année [11 Août 1365]
ce Prince paroît avoir eu une condes-
cendance plus marquée encore pour l'E-
vêque de Cornouaille [Quimper] & pour
cinq Gentilshommes du même Diocèse ;
car, en ordonnant la perception de droits
à l'entrée & à la sortie des Havres, l'acte
fait mention qu'ils y donnèrent *leur gré
& assentement*. (1) Il est vrai que dans
l'énumération des droits établis par le

---

consentement des Etats ait été demandé. La vérité & les intérêts des Bretons concourent pour que l'on ne confonde point les objets des *levées* avec ceux des *perceptions* ; sans quoi il se trouveroit également vrai, qu'on peut faire des levées sans le consentement des Etats, & qu'on ne peut pas en faire. Alors en quoi consisteroit le privilége de la Bretagne ? Quel seroit son rempart ?

(1) *V.* cet acte dans le tom. prem. des Preuv. de D. Mor. col. 1603 ; & un autre acte relatif à celui-ci, col. 1606.

(35)

Duc, on trouve un mêlange de ceux de
Traite qui devoient être perçus aux Havres, & de plufieurs autres droits d'une
nature toute différente, pour la perception defquels le confentement des Seigneurs pouvoit être utile au Duc. Mais
quelqu'outrées que fuffent les inductions
qu'on voudroit tirer de cet acte & de
celui qui fut donné le lendemain à l'E-
vêque de Quimper, on n'en concluroit
jamais que le Duc avoit befoin du confentement des Etats pour percevoir fes
droits de Traite. 1°. Parce que le fait
prouve qu'il n'eut befoin que du confentement de l'Evêque & de cinq Gentilshommes. 2°. Parce que s'agiffant de percevoir des droits de différentes natures, il eft
impoffible de démêler fi le confentement
s'étend à tout, ou feulement à quelques
parties. Perfonne en Bretagne n'imagi-
neroit aujourd'hui, que pour établir des
droits de Traite, Sa Majefté eût befoin
du confentement de quelques particuliers. D'ailleurs ce n'eft pas fur des actes
rares & domeftiques, que l'on peut établir les fondemens du droit public d'une
Nation. Pour peu qu'on foit libre d'intérêts & de préjugés, on n'y apperçoit,
au lieu de ces grands caractères qui in-

C ij

diquent des actes nationaux, que de petits projets d'ufurpation, formés par des vaſſaux aſſez puiſſans pour pouvoir abuſer impunément de la ſituation de leur Souverain, & de l'état embarraſſé de ſes affaires. Au reſte, quelqu'intérêt, quelque préjugé qu'on puiſſe avoir, on ſera forcé de reconnoître la vérité qui va ſe développer par degrés, & qui enfin paroîtra toute entière dans les actes les plus impoſans. Mais avant que d'en venir là, il ne ſera pas inutile de conſtater les uſurpations des grands vaſſaux, & les étranges prétextes dont ils ſe ſervoient pour s'y maintenir.

Jean III donna en partage à Guy de Bretagne ſon frère, le Comté de Penthiévre, les Châtellenies de Minibriac, de la Roche-Dérien, & de Pontrieu. Mais il réſerva ſes droits royaux [*Regalia*] le droit de bris, & en général tous les droits & profits qui pouvoient venir de la mer. Il fut ſtipulé que Guy de Bretagne tiendroit en fief les terres qui compoſoient ſon partage, & que lui & ſes héritiers en rendroient foi & hommage au Duc, & lui obéiroient en toutes choſes comme à leur vrai Seigneur. Cet acte fut fait par la médiation de Philippe le

(37)

Long Roi de France, au mois d'Avril
1317. Il fut rédigé en son nom, & scellé
de son grand sceau (1).

Jean, Comte de Penthiévre, petit-fils
de Guy de Bretagne, ayant épousé la
seconde fille du Connétable de Clisson,
se trouva mêlé dans les querelles, ou plutôt dans les guerres que se faisoient le
Duc & le Connétable. Le Roi chargea
le Duc de Bourgogne de rétablir la paix
en Bretagne ; ce fut à cette occasion que
Jean IV & Olivier de Clisson exposèrent
leurs sujets de plaintes. On les trouve
dans le préambule de la Sentence arbi-
trale que rendit le Duc de Bourgogne,
le 24 Janvier 1394.

Il n'y avoit pas alors quatre-vingts ans
que le Comté de Penthiévre, Pontrieu,
la Roche-Dérien avoient été donnés en
partage à Guy de Bretagne ; cependant
on voit par les plaintes du Duc, que
déja les Comtes de Penthiévre avoient
établi de leur autorité privée, dans les
Ports & Havres de leurs terres, certains
*Truages, nommés Traites, entrées & is-
sues, dont ils avoient levé grand finance ;*
que le Comte actuel *avoit entrepris &*

____

(1) *V.* les Preuves de D. Mor. tom. premier, col. 1269.

s'étoit efforcé d'avoir la jurisdiction &
connoissance pour le temporel des Eglises;
que le Duc ayant mis certains impôts
par-tout son pays de Bretagne, lesdits
de Penthiévre & de Clisson *avoient fait*
lever depuis & faisoient lever chacun
jour les mêmes impôts, *dans leurs terres,*
sans ce qu'ils s'en voulsissent cesser. Que
répondre à ces reproches d'usurpation ,
sur-tout en comparant l'état actuel des
choses, avec l'acte de partage donné à
Guy de Bretagne, acte cité par Jean IV,
comme le titre & la base de ses plaintes?
On ne peut qu'être étonné du ton de confiance avec lequel le Comte & le Connétable répondirent. » C'est à savoir,
» quant auxdites *issues, entrées & Traites,*
» & aux impositions, pipages, gabelles,
» & livrages, qu'ils les levoient *par auto-*
» *rité & octroi de mondit Seigneur le Roi*
» *& de ses prédécesseurs*, & que quand
» il lui plairoit ils s'en cesseroient ; &
» quant auxdites Eglises ... disoit ledit
» de Penthiévre, qu'elles étoient assises
» en sa Terre & Seigneurie, & que la
» connoissance du temporel desdites Egli-
» ses lui appartenoit, & en avoit joui par
» lui & par ses prédécesseurs. «

Ces preuves manifestes & avouées

d'ufurpation , pourroient être regardées comme une digreſſion inutile, ſi les faits ſur leſquels s'appuyoient les Parties, & le Jugement rendu par le Duc de Bourgogne, ne ſervoient pas à conſtater ce principe, que les droits de *Traite*, dans toute l'étendue du ſens qu'on attache à ce terme aujourd'hui, appartiennent privativement au Souverain , & ne peuvent ſe trouver dans toute autre main que par voie de conceſſion de la part du Prince, ou d'ufurpation de la part des ſujets.

Jean IV diſtingue très-nettement trois eſpèces de levées ou de perceptions faites par le Comte de Penthiévre. 1°. Les *Coutumes anciennes* dont l'acte de partage de 1317 l'autoriſoit à jouir. On ne voit point en quoi conſiſtoient ces droits , les ſeuls qui lui appartinſſent. 2°. Il y avoit joint l'établiſſement de certains *Truages nommés Traites , entrées & iſſues* dans ſes Ports & Havres. 3°. Il avoit *mis ſus* en ſes Terres, à l'exemple du Duc, des *taux, pipages, impoſitions, gabelles & livrages.* Le Comte de Penthiévre ne confond point lui-même ces trois objets dans ſa réponſe ; il ne parle point des *Coutumes anciennes* , parce qu'elles ne lui étoient pas conteſtées ;

maïs il diftingue nettement les autres articles de levées ou de perceptions. *Quant
auxdites iſſues, entrées & Traites*, dit-il,
*& aux impoſitions, pipages, gabelles
& livrages*, il les levoit par autorité &
octroi du Roi. Enfin le Jugement du Duc
de Bourgogne donne le dernier degré de
lumière à ces diſtinctions. 1°. Ce Prince
autoriſe la perception des *Coutumes anciennes.* 2°. Il ordonne que *toutes iſſues,
entrées & Traites, ceſſeront ès Ports &
Havres des Terres deſdits de Penthiévre
& de Cliſſon. 3°. Qu’auſſi ceſſeront dans
tout led. pays de Bretagne tous leſd. pipages, impoſitions, gabelles & livrages* (1).

Il y a tout lieu de penſer que ces *pipages, impoſitions, &c.* étoient des levées irrégulières en elles-mêmes, puiſ-
qu’il parut juſte de les faire ceſſer *par-
tout ledit pays de Bretagne.* Il eſt certain qu’elles n’étoient pas fort anciennes ;
le Duc dit que c’eſt lui qui les a établies
dans *tout ſon pays de Bretagne* (2). Cet

---

(1) *V.* les Preuv. de D. Mor. tom. 2, col. 633, juſqu’à la col. 643.

(2) *Nota.* La diſtance des temps (vingt-neuf ans) pou-voit détourner de penſer que les droits établis à Quimper ſur le conſentement de l’Evê-que, & dont on a parlé ci-deſſus pag. 34, fuſſent les *pipages, impoſitions, gabel-les & livrages* dont il s’agit

établiſſement paroît d'ailleurs n'avoir pas été revêtu des formes néceſſaires ; car le Prince ſe contente de dire, *à quoi avoient obéi tous les autres Barons de ſondit pays* ; au lieu que le *conſentement* des Etats, plutôt que *l'obéiſſance* des Barons, pouvoit être étroitement néceſſaire. Mais à l'égard des *iſſues, entrées & Traites*, perceptions régulières en elles-mêmes, pourvu que le Souverain les eût ordonnées, elles ne ſont défendues que dans les Terres de Penthiévre & de Cliſſon, parce qu'elles avoient été établies, comme le fait remarquer Jean IV, *de leur autorité.* Les Ducs auroient pu les établir avant que les Terres données en partage à Guy de Bretagne, euſſent paſſé des mains ſouveraines dans les ſiennes ; il en eût joui légitimement, ſi, leur exiſtence étant antérieure à 1317,

---

ici ; cependant il eſt naturel de conjecturer que ce ſont en effet les mêmes droits, établis d'abord à Quimper, & ſucceſſivement dans toute la Bretagne ; car le Duc n'en parle point dans le préambule de la Sentence du Duc de Bourgogne comme de droits nouveaux ; il dit même qu'ils avoient eu *cours au temps paſſé* : ſi cette conjecture eſt fondée, de quel poids ſeroient les actes des 10 & 11 Août 1365, pour prouver que le conſentement des Seigneurs étoit néceſſaire pour établir des droits de Traite, ou, ce qui eſt la même choſe, des droits d'entrée & d'iſſue :

Jean III les eût comprifes dans l'acte de partage. Mais dès qu'il n'en étoit fait aucune mention dans cet acte , & que le Comte de Penthiévre avouoit lui-même qu'il ne tenoit pas du Duc le pouvoir de faire percevoir ces droits, la perception en devoit ceffer ; parce que, comme on l'a dit , les droits d'entrée & d'iffue, ou de Traites, appartiennent privativement au Souverain , & ne peuvent fe trouver dans toute autre main que par voie de conceffion de la part du Prince, ou d'ufurpation de la part des fujets. On doit recevoir ce principe comme indubitable, parce qu'il fe trouve fuffifamment établi dans tous les titres antérieurs au Jugement du Duc de Bourgogne, dans ce Jugement même, & qu'on en va voir la confirmation la plus claire dans les actes & les titres fubféquens.

Quelques mois après, c'eft-à-dire le 25 Mai 1394, le Duc établit fes droits *d'entrée & d'iffue* dans les Ports & Havres de Tréguier & de la Roche-Dérien. On vient de voir que la *Roche-Dérien* étoit une portion du partage de Guy de Bretagne, & que ce fut à fon petit-fils que le Duc de Bourgogne ordonna d'y faire *ceffer* la perception des droits *d'entrée & d'iffue.* Le pouvoir inconteftable qu'a-

(43)

voient les Ducs de former ces nouveaux
établiſſemens, ſe lit dans un acte ſigné
par l'Evêque de Tréguier & par ſon Chapitre. Les termes en ſont remarquables.
» Comme à mon ſouverain Seigneur, le
» Duc de Bretagne, (c'eſt l'Evêque qui
» parle) *comme Prince & Souverain* en
» toute la Duché de Bretagne, appartien-
» nent *& doivent appartenir* (entre ſes
» autres droits royaux) *toutes connoiſſan-*
» *ces, gardes & gouvernement* des Ports
» & des Havres, avec *tous* les profits &
» émolumens à cauſe de ce dûs, & ap-
» partenances de ſes droits, ſouveraine-
» tés & nobleſſes; & il ait plu de nou-
» vel à mondit Seigneur ordonner les
» profits & émolumens dûs à cauſe deſ-
» dits Ports & Havres de l'Antréguier
» & de la Roche-Dérien, être exigés,
» levés & reçus en la Ville de Tréguier;
» Savoir fais que... pour moi & madite
» Egliſe, me ſuis aſſenti, & par ces pré-
» ſentes me conſens que mondit Sei-
» gneur & ſes Héritiers exigent & lè-
» vent leſdits devoirs & émolumens,
» tant *d'entrée & d'iſſue* de Bretagne,
» que autrement... Ainſi que mondit
» Seigneur *fait & a accoutumé à faire*
» *ès autres Ports & Havres* de Breta-

» gne, *durant le plaisir* de mondit Sei-
» gneur & ses Héritiers, il, & chacun
» d'eux puissent, ordonner lesdits de-
» voirs & émolumens être exigés & le-
» vés, & de fait les exigent & lèvent...
» *ailleurs, là, & comme leur plaira.* «
Le Chantre & le Chapitre déclarent à
la fin du même acte, » *assentir à toutes*
» *& chacunes les choses devant di-*
» *tes... comme justes, raisonnables &*
» *vraies.* (1)

La matière qu'on examine ici est si
peu connue, qu'il est peut-être nécessaire de prémunir les esprits contre le faux
sens qu'on pourroit attacher aux mots
assentement, consentir & assentir, qui
sont employés dans cet acte. Il est de
1394 ; il a été rédigé par des Gens d'E-
glise ; ces circonstances annoncent assez
que ces mots doivent être pris dans le
sens des mots latins d'où ils dérivent.
C'est même un principe qu'il ne faut
pas perdre de vue en lisant les Titres
qui précèdent le quinzième, & même le
seizième siécle. La Langue Françoise
n'étoit alors qu'un jargon barbare, & la
disette de mots étoit extrême. A peine

____

(1) *V.* les Preuves de D. Mor. tom. 2 , col. 625.

pouvoit-on écrire trois phrafes fans em=
prunter quelques expreffions de la Langue latine. Puifqu'on les empruntoit,
il eft évident qu'elles étoient employées
dans le fens latin. Les mots *confentire*,
affentire, ou *affentiri*, ne vouloient pas
toujours dire ce que nous entendrions
par les mots *confentir*, *donner fon confentement*, & encore moins, *donner un
fentement qu'on a le pouvoir de refufer*.
Ces expreffions latines fignifient très-
fouvent *approuver*, *être de même avis*,
de même fentiment. Or il eft aifé de faire
voir que les termes *affentement*, *confentir*
& *affentir*, ne font employés dans l'acte
dont il s'agit, que dans ce fens.

Une méprife bien étonnante de Dom
Morice, pourroit faire douter de la juf-
teffe de cette obfervation. Il a eu l'im-
prudence de dire dans la préface du premier volume de fes *Mémoires pour fer-
vir de preuves à l'Hiftoire de Bretagne*,
pag. VI. » Quelque jurifdiction qu'euffent
» les Evêques dans leurs Villes Mariti-
» mes, les Ducs *prétendirent* que le droit
» d'établir & de lever des Impôts dans
» les Ports & les Havres leur apparte-
» noit, *comme Souverains*. L'Evêque &
» le Chapitre de Tréguier reconnurent

» ce droit en 1394, & *confentirent* que
» le Duc le levât dans les Ports de Tré-
» guier & de la Roche-Dérien. Il peut
» y avoir des *exemples plus anciens*
» d'une pareille *condefcendance. La fou-*
» *miffion* du Clergé *enhardit* les Ducs à
» *étendre* ce droit fur les Laïques. «

Il eft jufte de prendre droit par l'aveu
que fait Dom Morice, qu'il peut y avoir
des *exemples plus anciens* de cet acte de
Juftice, qu'il lui a plu d'envifager comme
un acte de condefcendance. Sa façon de
s'exprimer, & fa qualité d'Hiftorien de
Bretagne, ne permettent guère de douter
qu'il ne les ait vus.

Perfonne ne difconviendra, fans doute, que c'eft fur la nature des chofes qu'on
doit déterminer le fens des mots de ceux
qui parlent ou qui écrivent, & qu'il feroit
abfurde de vouloir au contraire déterminer par le fens qu'on voudroit attacher
aux mots dont ils fe fervent, la nature des
chofes dont ils parlent. C'eft ce qui a introduit dans notre Langue cette expreffion qu'on applique à quiconque ne s'é-
nonce pas avec affez de précifion, *il faut
aider à la lettre.* Or, quelles font les chofes qui font la matière & le fondement
de l'acte accordé par l'Evêque de Tré-

guier & par son Chapitre en 1394 ? C'est certainement la nature du droit des Ducs, relativement aux perceptions qu'ils faisoient faire dans les Ports & Havres pour les *entrées & issues*. Que déclarent - ils dans cet acte ? Qu'ils reconnoissent que *comme Prince & Souverain*, c'est au Duc qu'appartiennent *toutes connoissances, gardes & gouvernement* des Ports & des Havres dans *toute la Duché* : que c'est à lui qu'appartiennent au même titre *tous les profits & émolumens à cause de ce dûs* : qu'en conséquence il est le maître, lui & ses Héritiers, d'établir & de percevoir *durant leur plaisir*, des droits *d'entrée & d'issue*, & de les établir non - seulement à Tréguier & à la Roche-Dérien, mais par-tout, *ailleurs, là, & comme leur plaira*. C'est manifestement sur cette déclaration que tombe celle du Chapitre de Tréguier, portant qu'ils adhèrent *à toutes & chacunes les choses devant dites . . . comme justes, raisonnables & vraies*. Si le droit exclusif & incommunicable du Duc d'établir où il veut, quand il veut, pour tout le temps qu'il veut, des droits d'entrées & d'issues dans tout le Duché de Bretagne, & cela parce qu'il en est le Prince & le Souverain, *eſt* un principe *vrai, juſte & raiſonnable*, n'eſt-il pas abſurde de ſuppoſer qu'un Evêque & un Chapitre qui déclarent y donner leur *aſſentement*, y *aſſentir*, ont voulu exprimer qu'ils autoriſoient par leur conſentement une choſe qui ſans ce conſentement eût été illicite ? N'eſt-il pas évident au contraire qu'ils ont voulu dire qu'ils *étoient de même avis, de même ſentiment* que ceux qui reconnoiſſoient ce principe , qu'ils l'approuvoient comme *juſte, raiſonnable & vrai* ? La choſe en elle-même détermine ce ſens , comme l'unique qu'on puiſſe attacher à leurs expreſſions ; ils n'ont fait que ſe ſervir en françois, de termes qui leur euſſent été néceſſaires en latin pour énoncer leur approbation, *aſſentire, conſentire.*

Mais, dira-t-on peut-être , pourquoi le Duc eût-il demandé, pourquoi même eût-il reçu (1) des actes qui n'euſſent énoncé qu'un droit inhérent à la ſouveraineté, & par conſéquent inconteſtable ? Parce qu'il avoit alors des vaſſaux aſſez audacieux pour uſurper ce même droit , &

---

(1) On dit que le Duc a *reçu* cet acte, parce que ç'eſt au *Château de Nantes,* *arm. E , caſſette C, n°.* 30. qu'il a été copié par D. Mor.

aſſez

affez puiffans pour foutenir leur ufurpation par la force des armes ; (on vient d'en
montrer deux exemples dans le Comte de
Penthiévre & le Connétable de Cliffon :)
parce que plufieurs vaffaux moins puiffans , mais auffi audacieux , troubloient
l'exercice du droit de leur Souverain. Les
uns le forçoient à partager avec eux les
profits qui en réfultoient ; d'autres abu-
fant des conceffions antérieures , fei-
gnoient de regarder comme droit primitif ces mêmes conceffions ; & tous cher-
choient à n'accorder que comme un don ,
comme un bienfait, de ne pas mettre obftacle aux établiffemens que le Duc étoit
en droit de faire dans les Ports & Havres.
La licence des grands Vaffaux fe portoit
quelquefois à des extrémités bien plus ré-
voltantes.

Les collections de titres pour la Bretagne renferment une multitude d'actes
par lefquels des Bretons s'engagent à ne
reconnoître que le Duc pour leur Seigneur, à lui être fidelles, à défendre fa
perfonne & fes droits contre fes ennemis
du dedans & du dehors. Quelqu'un fe
permettroit - il de douter, d'après ces
actes, que le fervice, la fidélité, la défenfe de la perfonne & des droits du Sou-

*D

verain, ne fuſſent des droits acquis au Prince, comme Prince, & des devoirs indiſpenſables de la part des Sujets? Non ſans doute; par la même raiſon, ſi quelqu'un demandoit pourquoi les Ducs recevoient des actes qui n'avoient rapport qu'à leurs droits les plus évidens, les plus inconteſtables, on lui répondroit; c'eſt parce que l'ambition & la puiſſance des grands Vaſſaux les rendoit quelquefois injuſtes, & enſuite infidelles envers leur Souverain: tantôt ils uſurpoient ſes droits, tantôt ils le trahiſſoient, favoriſoient ſes ennemis, portoient les armes contre lui au ſervice des Princes étrangers, & quelquefois levoient des troupes en Bretagne même pour lui faire la guerre. Quand on voit des exemples ſi multipliés dans l'Hiſtoire de Bretagne, d'un côté des perfidies des grands Vaſſaux, & de l'autre des uſurpations des Seigneurs, on ne doit être étonné ni des actes par leſquels une fidélité indiſpenſable eſt promiſe, ni de ceux par leſquels des droits inconteſtables ſont reconnus.

Il y a donc plus que de la légèreté de la part de Dom Morice, à s'être exprimé comme il l'a fait, en parlant de l'acte donné au Duc en 1394 par l'Evêque de

Tréguier & par fon Chapitre. On peut, ou pour mieux dire, on doit lui faire le même reproche, pour s'être permis d'écrire que la *foumiſſion* du Clergé enhardit les Ducs à *étendre* ce droit (celui de Traite) fur les Laïques. Comme Collecteur de titres, il a eu fous les yeux mille & mille preuves que le Clergé de Bretagne s'eſt permis contre les Ducs des actes de *réſiſtance* portés juſqu'à la *félonie*. On croit devoir profiter de cette occaſion, pour avertir que les Préfaces de fes Mémoires, où la plupart des Bretons vont puiſer des notions fur le droit public de leur patrie, ne font pas à beaucoup près des guides fûrs. Le deſſein, ou le déſir de diminuer les droits & l'autorité des Souverains, & d'augmenter les droits & l'indépendance des Seigneurs de Fiefs, s'y montrent à découvert aux gens inſtruits. Mais comme il y a peu de gens inſtruits, qu'il eſt plus court & plus commode de fe borner à la lecture de trois Préfaces, que de s'engager dans le dépouillement & la difcuſſion de trois volumes *in-folio* d'actes & de titres, les préjugés de l'Auteur deviennent contagieux. Au reſte, on ne cherche ici que ce que cet Hiſtorien devoit chercher lui-même, la vérité.

D ij

Qu'on life avec attention les actes qu'il a publiés , & l'on reviendra fans peine des préjugés puifés dans fes Préfaces. On fera convaincu qu'il n'avoit pas à beaucoup près autant de difcernement & de critique, que de difpofition pour la partie laborieufe du travail qu'il avoit entrepris.

Dom Lobineau, Religieux de la même Congrégation , & auquel Dom Morice devoit prefque la totalité de fes additions, a fait imprimer l'acte dont il s'agit ici, & il en a jugé fans partialité. » Quelque » Jurifdiction temporelle, dit-il, qu'euf- » fent les Evêques dans les Villes mariti- » mes , les Ducs prétendoient, comme » Souverains, que le droit de lever les » émolumens des Ports & Havres de ces » Villes leur appartenoit, & l'Evêque & » le Chapitre de Tréguier en donnèrent » leur reconnoiffance pour les Ports de » Tréguier & de la Roche-Dérien en » 1394 (1) ». En effet, comment pour-

---

(1) On voit clairement que Dom Morice n'eft que le Copifte de Dom Lobineau dans ce qu'il dit fur l'acte de 1394; mais il a changé les expreffions qui ne fatisfai-foient pas fon humeur. Dom Lobineau dit, *dans les Villes maritimes.* Dom Morice dit, *dans leurs Villes.* Le premier rapporte, que les Ducs *prétendoient* , comme Souverains, &c. expreffion convenable pour défigner un droit inhérent à la Souveraineté , & par conféquent auffi an-

roit-on imaginer que la garde & l'adminiftration des limites du Territoire puffent appartenir, puffent même être confiés
à tout autre qu'au Souverain de ce Territoire ?

Revenons aux droits de Traites. Elles
appartenoient exclufivement aux Ducs ;
mais, comme on l'a dit, ils en donnoient
quelquefois des portions. On peut en citer un nouvel exemple ; c'eft l'acte du
partage accordé le 2 Mars 1438, par le
Duc Jean V à Pierre de Bretagne fon fils
puîné. *La Ferme des entrees & iffues des
Ports & Havres d'entre Couefnon & Arguenon* en fait partie (1).

Un événement très-confidérable en Bretagne va nous fournir un nouveau titre
fur cette matière ; & ce titre, foit par
fon objet, foit par la qualité de la per-

---

cien que la Souveraineté même. Dom Morice avance que
les Ducs *prétendirent*, expreffion choifie pour annoncer une chofe nouvelle, une
ufurpation. Enfin Dom Lo-
bineau parle de la *reconnoiffance* donnée par l'Evêque
& le Chapitre de Tréguier,
comme d'un acte convenable
& jufte. Dom Morice affecte
de dire non-feulement que
l'Evêque & le Chapitre reconnurent le droit du Souverain, mais qu'ils y *confentirent ;* & pour fortifier
de plus en plus l'idée *d'ufurpation* qu'il vouloit accrédi-
ter, il ajoute que ce fut un
acte de *condefcendance.* Ce
trait fuffit pour faire juger
de la circonfpection avec laquelle on doit lire les Préfaces de ce Religieux.

(1) *V.* les Preuves de D.
Mor. tom. 2, col. 1321.

D iij

fomne qui le fit rédiger, eſt d'un poids très-ſupérieur à la plupart des actes particuliers qu'on a cités.

Aux Etats tenus à Vannes en 1451, le Vicomte de Rohan & le Comte de Laval, héritier préſomptif de la Baronnie de Vitré, ſe diſputèrent la préſéance. Pour régler cette conteſtation, on ordonna des enquêtes. Le Vicomte de Rohan établit ſes moyens dans un Mémoire diviſé en trois cents quinze articles, à la marge duquel on a mis pour date 1479 (1).

Une des raiſons ſur leſquelles le Vicomte de Rohan compte le plus, pour prouver qu'il doit avoir la préſéance ſur tous les Barons de Bretagne, c'eſt qu'*il eſt à préſent le plus proche de la Maiſon Royale de Bretagne*; qu'il eſt iſſu *en droite ligne maſculine* du Vicomte de Rohan, troiſième fils du Roi Conan, & que la *Vicomté de Rohan eſt tenue du Duc en apanage.*

Il ne s'agit pas ici d'examiner cette origine. Il ſuffit de ſavoir que le Vicomte de Rohan avoit intérêt à l'établir, & que n'ayant pas ſa généalogie ſous les

____

(1) *V.* le Supplément aux Preuves de l'Hiſt. de Bretagne, à la fin du ſecond vol. de cette même Hiſt. publiée après la mort de Dom Morice par Dom Taillandier.

yeux (1), il étoit forcé de recourir à d'autres moyens que des titres de famille,
pour prouver qu'il defcendoit des *Souverains de Bretagne*.

Un de fes principaux moyens eft la
propriété d'une partie des droits d'*entrée*,
ou de ceux d'*entrée* & d'*iſſue*. » *De toute*
» *ancienneté* [eft-il dit, art. 18] les an-
» ciennes coutumes de Bretagne, que l'on
» prend fur les marchandifes *affluentes*
» aux Ports & Havres de Bretagne, *ſont*
» *au Prince, s'il n'y a de lui expreſſe dé-*
» *rogation* «. On rapporte enfuite qu'A-
lain, Vicomte de Rohan, poſſédoit *cer-*
tains anciens devoirs de coutume au Port
& Havre de Vannes , qu'il donna à
des Moines : d'où l'on tire pour conféquence, qu'Alain étoit iſſu de la Mai-
fon Royale de Bretagne, puifque ce *de-*

---

(1) Le Vicomte de Rohan
fe trompoit, en difant qu'il
defcendoit d'un troifième fils
du Roi Conan. Mais fuivant
la *Table généalogique des
Rois , Comtes & Ducs de
Bretagne*, que Dom Morice
a fait imprimer à la tête de
fon Hift. c'eft en effet de
Conan, premier Roi d'une
portion de l'Armorique, que
defcendent les Vicómtes de
Rohan , voici comment.

Alain , troifiéme fils d'Eu-
don premier , *Comte de Porhoët* , a fait la branche des
Vicomtes de Rohan.

Les Comtes de Porhoët
venoient de Juthaël , fils
puîné de Conan Letort ,
Comte de Rennes.

Les Comtes de Rennes
étoient iſſus de *Judicaël*, Roi
de Bretagne ; Judicaël defcendoit de Conan I, Roi d'u-
ne portion de l'Armorique.

voir est de tout temps partie du patrimoine des Princes de Bretagne (1).

Ayant à se prévaloir par le même motif, de ses droits aux Ports & Havres de

---

(1) Comme on ne veut abuser de rien, ni induire qui que ce soit en erreur, on croit devoir avertir que les *anciennes coutumes* perçues de toute ancienneté à Vannes ne sont que des droits d'entrée. Le Vicomte de Rohan dit lui - même, art. 18 de son Mémoire, qu'ils étoient perçus sur les *marchandises affluentes* aux Ports & Havres; ainsi il paroît qu'ils doivent être distingués des droits *d'entrée & d'issue* réunis.

J. de Rostrenen, l'un des témoins entendus sur les faits de ce Mémoire, distingue assez nettement ces deux espèces de perceptions; car en s'expliquant sur cet article (que par erreur il dit être le seizième du Mémoire) il dit, relativement à la Seigneurie de Vannes, que les Princes de Bretagne *prennent devoirs & conservans* sur les marchandises qui *entrent* en plusieurs Havres de Bretagne ; qu'il ne sait s'ils les prennent en tous les Havres, ou non; qu'il connoît plusieurs Gentilshommes *qui prennent aussi*

devoirs en plusieurs Havres. Il nomme trois de ces Gentilshommes ; mais il ne dit point de quelle nature sont les devoirs qu'ils percevoient. Ceux qu'on percevoit à Vannes étoient des droits *d'entrée*. A l'égard des *conservans*, il y a toute apparence que c'étoient les *brefs de sauveté* en cas de naufrage. On doit supposer que c'est avec connoissance de cause que J. de Rostrenen fait cette déclaration ; parce que, dans la même déposition, lorsqu'il parle des droits perçus à Hennebond, il nomme spécifiquement les *entrées & issues*: cependant, en parlant ensuite des droits qui se percevoient dans la Seigneurie de Léon, il les nomme *anciennes coutumes*, & il dit qu'elles sont prises sur les navires & marchandises *arrivant*, *entrant & issant* des Ports & Havres de Léon ; & en effet le Vicomte de Rohan y jouissoit de la moitié des *entrées & issues*, comme il le déclare à l'article 107 de son Mémoire.

Il peut y avoir dans cet

Léon, il commence par établir dans l'article 106, que ses prédécesseurs dans cette
Seigneurie étoient issus du Roi *Artus*. Il
dit ensuite [art. 107], que pour récom-
penser les belles actions & les grands
services des Seigneurs de Léon, un Roi
& Prince de Bretagne leur donna » la
» moitié du devoir des *coutumes* & tré-
» pas que prenoit ledit Prince sur les na-
» vires & marchandises *arrivant* & *re-*
» *tournant* des Ports & Havres de Léon,
» & autres Havres adjacens ès terres d'i-
» celle Seigneurie de Léon, tant en l'E-
» vêché de Cornouailles, que de Van-
» nes «. Et pour fortifier ce principe, que
les droits de cette espèce viennent néces-
sairement des Souverains, on dit à l'article 108, que dans le pays » la voix pu-
» blique..... est qu'icelui *devoir* fut par

---

acte des obscurités, résultant
de l'inattention des Rédac-
teurs, & des fautes de Co-
pistes ; mais en prenant les
textes tels qu'ils sont, il ré-
sulte clairement du sens
qu'ils présentent, 1°. Qu'en
général les *anciennes coutu-*
mes sont des droits simple-
ment d'*entrée*. 2°. Que cependant on donnoit quel-
quefois aux droits d'*entrée*
& d'*issue* le nom *d'anciennes*
coutumes. 3°. Que ces droits,
quoique distincts, avoient
la même origine ; c'est-à-
dire, qu'ils avoient été établis par le Souverain ; que
lui seul avoit droit de les
établir ; & que, suivant l'expression du Vicomte de Rohan, *ils sont au Prince, s'il*
n'y a de lui expresse déroga-
tion.

» un Prince baillé au Seigneur de Léon,
» en dot & mariage d'une fille dudit Prin-
» ce, à un defdits Seigneurs de Léon,
» antéceffeur dudit Vicomte «. Enfin,
pour conftater de plus en plus la propriété d'un droit fi intéreffant dans l'affaire de la préféance, puifqu'il s'agiffoit
de prouver par-là la defcendance de Mai-
fon fouveraine, on rapporte dans l'article
110, que le Duc Jean IV ayant voulu
mettre & impofer fubfides fur les navires
& marchandifes dans lefdits Havres, le
Vicomte s'y oppofa ; » & fur ce fut con-
» venu, entre autres chofes, que ledit
» devoir de *nouveau mis fus*, feroit pris
» entre lefdits Prince & Vicomte, & en
» jouiroient par moitié « (1).

---

(1) *Nota.* Le fait rapporté dans cet article n'a aucun rapport aux anciens droits *d'entrée* & *d'iffue*, dont il eft queftion dans les articles précédens. *Les devoirs de nouveau mis fus* par Jean IV, & dont le produit fut parta-gé par moitié, entre ce Prin-ce & fes fucceffeurs, & les Vicomtes de Rohan, n'é-toient point des droits addi-tionnels à ceux *d'entrée* & *d'iffue ;* c'étoient, comme le difoient ces Vicomtes dans leurs *fupplications*, des no-valités *d'entrée* purement & fimplement. Pour s'en con-vaincre, il ne faut que lire avec un peu d'attention les actes rapportés dans le tom. 2 des Preuves de D. Mor. col. 801, 888, 1083, 1099 & 1138. On lit à la fin de ce dernier acte, que ce *Ré-glement* (qui ne devoit du-rer que deux ans) *fut conti-nué par autres mandemens datés des* 16 *Juin* 1425, 3 *Novembre* 1437 , 16 *Août* 1441 *&* 3 *Juillet* 1443. Il eft évident par les

Voilà fous les noms de *devoir, coutumes, trépas*, des perceptions établies *de toute ancienneté* en Bretagne, fur les navires & marchandifes *arrivant* & *retournant* des Ports & Havres. Ces perceptions *font au Prince*, & nul ne peut en jouir, *s'il n'y a de lui expreffe dérogation.* Ces faits font d'une fi grande notoriété, qu'on les établit comme un principe qui ne fera pas contefté, & dont la conféquence jufte & néceffaire eft que ceux qui pofsèdent ces devoirs de tout temps, defcendent néceffairement des Souverains du pays. Il faut avouer, ou que les Défenfeurs du Vicomte de Rohan étoient & bien ignorans & bien mal-adroits, ou que ceux qui penfent que Sa Majefté ne peut tenir la jouiffance de fes droits de Traites, que du confentement des Etats de Bretagne, font dans une étrange erreur.

On fit des enquêtes d'après le Mémoire du Vicomte de Rohan. On croit devoir extraire deux faits dépofés par un témoin dont le nom donne un grand poids à fa dépofition.

---

dates, qu'il ne s'agiffoit pas des droits d'*entrée* & d'*iffue* qui ont été perçus *de toute ancienneté* en Bretagne, & qui s'y perçoivent encore.

Jean de Roſtrenen, Seigneur du Couet-
dor (1), » auſſi dit que.... audit Havre de
» Hennebond..... le Vicomte de Rohan
» prend la moitié des coutumes, Brieux,
» *entrees & iſſues* des marchandiſes qui
» *chargent & dechargent* en celui Ha-
» vre «. Il dit enſuite, page 211, col. 2,
» que le Vicomte de Rohan, à cauſe de
» ſa Baronnie de Léon, a joui & doit
» jouir de la moitié des *anciennes cou-*
» *tumes* & trépas *accoutumés être pris*
» ſur les navires & marchandiſes *arri-*
» *vant, entrant, iſſant* des Ports & Ha-
» vres de Léon, & autres Havres adjacens
» à lui Seigneur de Léon; & le Duc l'au-
» tre moitié : ne ſait ſi c'eſt par don de
» Prince..... Auſſi dit qu'il ne ſait ſi ce
» fut à cauſe du dot fait à une des filles
» d'un des Princes de Bretagne....«. Ce
témoin, comme on le voit, paroît bien
inſtruit. Il diſtingue les objets, & ſa dépoſition confirme clairement un fait dé-
ciſif; c'eſt qu'il y avoit en Bretagne une
perception diſtincte des autres, connue
ſous le nom d'*entrées & iſſues.*

Mais c'eſt aſſez s'appeſantir ſur ces

---

(1) *V.* ſa dépoſition dans l'Hiſt. de Bret. tom. 2 de
le Supplément aux Preuv. de l'Hiſt. pag. 206, col. 2.

preuves de détail. D'ailleurs, quelqu'au-
thentiques que foient les actes cités jufqu'ici, quelque confiance qu'ils méritent, comme ce font en quelque forte
des titres domeftiques, on ne peut pas
dire qu'ils conftatent pleinement la notoriété univerfelle des faits qui y font
énoncés. Nous avons des titres publics,
qui depuis des fiècles font dans la main
& fous les yeux de tout le monde. Ils ne
laiffent aucun doute fur ce point de fait,
que les droits d'*entrées* & d'*iffues*, ou les
droits de *Traites* appartiennent au Souverain, qu'il en jouit en vertu de fa fouveraineté, fans que, dans aucun cas, le confentement des Etats foit néceffaire pour
en légitimer la perception. C'eft principalement à des titres qui portent ce caractère, qu'on doit recourir & s'arrêter.

Nous avons vu *Erifpoé*, Roi de Bretagne, rétablir en l'an 855 la Prévôté de
Nantes, qui par conféquent avoit exifté
avant lui. Nous avons vu *Alain Barbetorte* difpofer arbitrairement en 938 du
produit de ce droit de Traite. Il n'a pas
ceffé d'être perçu, il exifte encore. Les
Etats, ni fous les Princes de Bretagne,
ni depuis la réunion du Duché à la Couronne, ne fe font immifcés dans aucune

(62)

partie de la perception. Cependant il ne s'agit pas d'une perception clandeſtine; elle ſe fait dans la ville la plus étendue, la plus peuplée, la plus commerçante de la Province. Elle eſt réglée par un tarif ex-poſé aux yeux de tout le monde dans le Bureau où ſe payent les droits. Quel pourroit être le prétexte de former le plus léger doute ſur la nature de ce droit, & ſur la pleine & entière indépendance du Prince dans tout ce qui a rapport à ſa perception ?

Il paroît que la rédaction, ou plutôt le récenſement & le renouvellement de ce tarif, eſt l'ouvrage de la Chambre des Comptes de Bretagne, & qu'il a été fait d'après les *comptes, livres, contrôles, re-giſtres, & autres titres & enſeignemens étant en la Chambre.* Le titre ſur lequel la perception ſe fait aujourd'hui, a été juridiquement délivré le 25 Juin 1565. Il n'y avoit alors que trente ans que la Bretagne étoit unie à la Couronne. Ce tarif ou cette pancarte commence par ces mots : » Le Roi & Duc prend ſur toutes » denrées & marchandiſes, de quelques » ſortes & eſpèces qu'elles ſoient ...... » montées en Vaiſſeaux ..... *venantes* de » la mer, ou *pour y aller*, étant chargées

» au Port de Nantes, le Quarantième du
» prix qu'elles peuvent valoir lors de la
» vente d'icelles «. Le droit d'entrée &
d'iſſue, ou de Traite, ne peut être énoncé
plus clairement : & d'ailleurs le ſecond
chapitre de ce tarif porte en titre, des
*marchandiſes montant & baiſſant à la
mer, non ſujettes au Quarantième.*

La pancarte *des droits & devoirs dûs
aux Ports & Havres de Bretagne*, porte
la même date, 25 Juin 1565 ; & il paroît
que, comme celles de la Prévôté, la rédaction, ou plutôt le récenſement & le
renouvellement en ont été faits par la
Chambre des Comptes. Il y a beaucoup
d'apparence qu'on n'a fait que relever les
articles de comptes très-anciens rendus
aux Ducs de Bretagne par leurs Receveurs & leurs Tréſoriers. On en peut juger par ces expreſſions qu'on y lit dans
pluſieurs endroits, *de nouvelle Ordonnance autrefois par les prédéceſſeurs de
Monſeigneur faite, on lève, &c.... De
nouvelle Ordonnance faite par Monſieur,
on lève, &c.* Nota, *que Monſieur, par
ſon Mandement, a voulu que, &c.*

Ce tarif, qui a été délivré en forme
juridique le 7 Juillet 1705, énonce des
droits établis ſur de certaines denrées ou

marchandiſes uniquement à l'*entrée*, d'au-tres uniquement à *la ſortie* ; d'autres ſont ſujettes à des droits à l'*entrée* & à l'*iſſue*. Le mot *iſſue* s'emploie pour l'exportation à l'Etranger, quelquefois pour le tranſport par eau d'une des villes de Bretagne à l'autre, & quelquefois auſſi pour des denrées dont *l'iſſue* ſe fait par *charroi*.

Les *anciennes coutumes* en font partie, & forment des articles ſéparés de ceux d'entrée & d'iſſue (1). On y cite des

(1) On a déja fait obſerver dans la note de la page 56, que les mots *anciennes coutumes*, ſont ſouvent employés dans des ſens différens dans les titres de Bretagne. On croit devoir ajouter, qu'il paroît par la pancarte des droits de Ports & Havres, que ces mots ne déſignent pas toujours une eſpèce de perception quelconque, & qu'ils ne ſont quelquefois que l'énonciation du motif qui a porté à taxer une marchandiſe ſur tel ou tel pied dans un Tarif écrit. *D'ancienne coutume, 30 ſols*, ne veut pas toujours dire *on doit 30 ſols pour les droits nommés anciennes coutumes* ; cette manière de s'exprimer peut vouloir dire qu'*anciennement, ſelon l'uſage ancien, qu'au temps paſſé*, les Receveurs ont perçu 30 ſols pour le droit d'entrée, ou pour le droit d'iſſue, ou pour le droit d'ancienne coutume de telle marchandiſe. Cette façon de parler équivoque a été la ſuite preſque néceſſaire de l'uſage où l'on étoit autrefois, de conſtater tout par des enquêtes. Les témoins entendus diſoient, & devoient dire dans la langue de ces temps-là, *d'ancienne coutume on paye tant pour telle choſe*, & cette expreſſion étoit ſouvent tranſportée dans le Tarif même. Dans ce cas, & *d'ancienne coutume* n'eſt plus que l'énonciation d'un fait, qui eſt

Ordonnances

Ordonnances des 22 Septembre 1422 , 6
Octobre 1424, 26 Février 1475 , & plusieurs autres dont on ne fixe point la date,
qui toutes établissent des droits *additionnels ;* mais quels droits additionnels ! Ils
sont portés jusqu'au *doublement des droits
anciens.* Ces mêmes Ordonnances assu-
jettissent aux anciens & nouveaux droits
des choses qui antérieurement ne l'étoient
pas. Elles ont été exécutées , & le sont
encore. Cependant aucune n'a été com-
muniquée aux Assemblées d'Etats con-
voquées par les Ducs. C'est ce qu'on peut
du moins affirmer pour celles qui sont
datées, car on ne connoît point d'Assemblées d'Etats des mêmes dates. Dans les
Assemblées subséquentes dont nous avons
les actes , on ne trouve ni communica-

---

qu'anciennement les Rece-
veurs exigeoient justement
ou injustement telle somme
pour telle chose. Il y a dans
la Pancarte des Ports & Havres quelques articles qui
paroissent devoir être entendus suivant cette explica-
tion, on en est en quelque
sorte averti, par d'autres articles qui sont conçus dans
ces termes , *& aussi l'on souloit prendre par chaque tra-
que de cuir , 2 sols... Et ne*
*souloit-on lever pour chacun
tonneau de froment que* 15
*sols... Et par tonneau de
gros bled, on souloit prendre*
10 *sols d'issue , &c. ...* Le
sens de cet article eût été
le même si on eût dit, &
*d'ancienne coutume par tra-
que de cuir, 2 sols, &c....*
Cette observation peut être
de quelqu'utilité à ceux qui
ne sont pas rompus à la lecture des anciens actes de
cette Province.

E *

tion de la part du Souverain, ni réclamation de la part des Sujets. Enfin la pancarte des droits de Ports & Havres,
prouve évidemment que les Ducs gou-
vernoient les droits de Traite de toute
efpèce dans leur Duché avec un pouvoir
abfolu.

Il y a trois chofes dans cette Pancarte
qui méritent d'être remarquées.

1°. Les Ports qui y font nommés embraffent la totalité de la Province. Vannes,
Ruis, Auray, Hennebond, Rhedon, Mu-
zillac, la Rivière de Villaine, Quimper-
Corentin, Pont-l'Abbé, Penmarch, Pont-
croix, Conq, Fouefnan, Quimperlé,
Tréguier, Morlaix, l'Annion, la Roche-
dérien, Pontrieu, Painpol, Binic, Breft,
Landerneau, Lefaou, Daoulas, Aber-
grach, Saint Brieuc, Daouet, les Ports
& Havres qui font entre le Port du Légué
& la Rivière de Couefnon. [Le Port de
Saint Malo eft fitué entre ces deux Rivières.]

A l'égard de Nantes, le Croific, Piriac,
Mefquer, le Pouliquen, & *autres du ter-
roir de Guerrande*, les droits d'entrée &
d'iffue y font perçus d'après la pancarte
des devoirs de la Prévôté. Qu'on life cette
énumération avec une carte de Bretagne

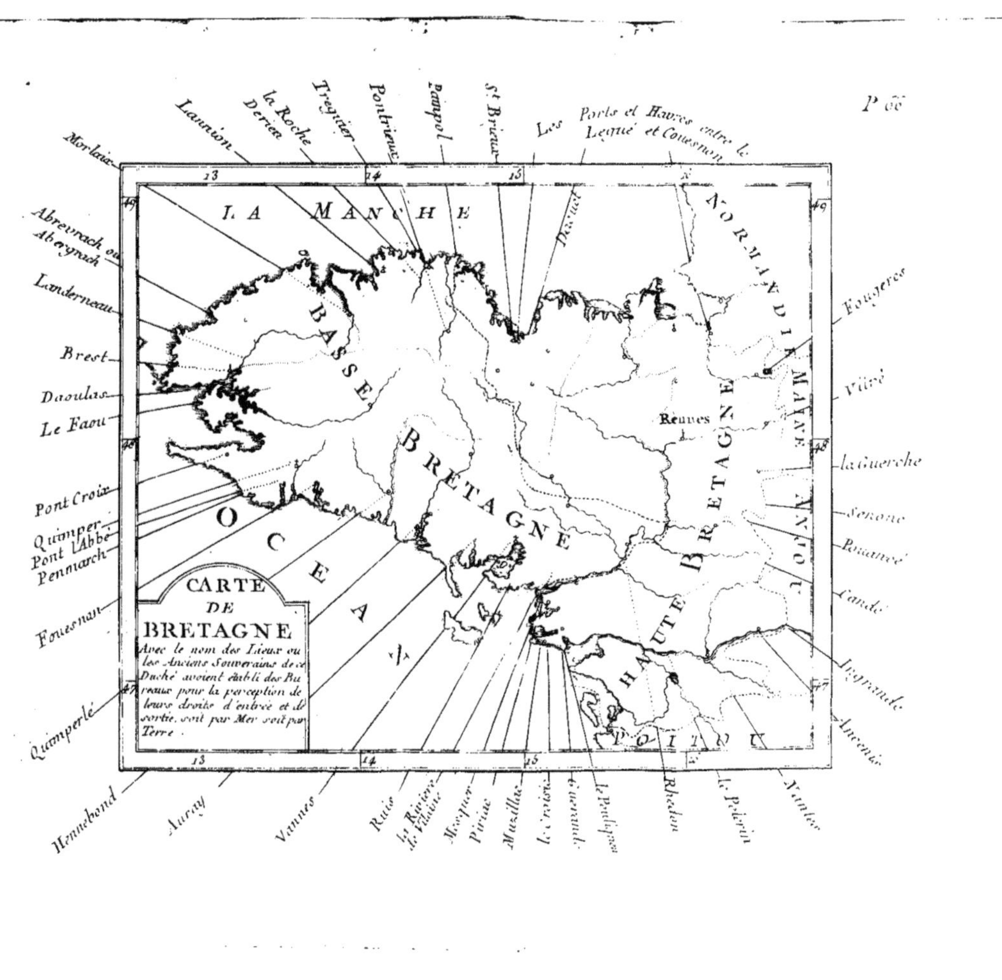

Morlaix
Laurrion
la Roche
Derien
Treguier
Pontrieux
Paimpol
St Brieuc
Les Ports et Havres entre le
Legué et Couesnon
P. 69
Abrevrach ou
Abervrach
Landerneau
Brest
Daoulas
Le Faou
Pont Croix
Quimper
Pont l'Abbé
Penmarch
Fouesnan
Quimperlé
Hennebond
Auray
Vannes
Ruis
La Riviere
de Vilaine
Mesquer
Piriac
Musillac
la Roche
l'Isle
le Pont l'Abbé
Rhedon
la Pelerin
Nantes
LA MANCHE
OCEAN
BASSE BRETAGNE
HAUTE BRETAGNE
NORMANDIE MAYENNE
POITOU
Reunes
Dinant
Fougeres
Vitré
la Guerche
Serone
Pouancé
Candé
Ingrande
Ancenis
CARTE
DE
BRETAGNE
Avec le nom des Lieux ou
les Anciens Souverains de ce
Duché avoient établi des Bu-
reaux pour la perception de
leurs droits d'entrée et de
sortie, soit par Mer soit par
Terre.

fous les yeux, on verra fi les droits de Traite établis par les Ducs de Bretagne pouvoient embraffer plus univerfellement leur territoire. Qu'on life les pancartes de la Prévôté & des Ports & Havres, on jugera fi leurs droits ne s'étendoient pas fur tout ce qui entroit dans le commerce connu dans ces temps reculés. On jugera en même temps s'il étoit poffible que les Ducs établiffent, foit le fonds des droits, foit des droits additionnels, avec plus d'indépendance, ou pour mieux dire, avec un pouvoir plus fouverain.

Ils avoient donné la même attention à la perception des droits, aux entrées & aux iffues par terre, qu'à celles qui fe faifoient par mer. La pancarte de la Prévôté y a pourvu, quant à *l'entrée*, en établiffant des recettes au Pélerin, à Ingrande, à Ancenis, à Candé, à Sénonne & Pouancé, à la Guerche, à Vitré, à Fougères. A l'égard des *iffues* par terre, les Ducs avoient réglé les droits qui devoient être perçus par un tarif connu fous le nom de *pancarte de la Traite domaniale*, dont on parlera bientôt.

2°. Il eft auffi très-remarquable que les droits *d'entrée & d'iffue* ne fe bornent pas aux denrées & aux marchandifes tirées de

l'étranger ; ils s'étendent à toutes les denrées, à toutes les marchandifes, aux li-
queurs, aux alimens, en un mot à toutes
les productions du Pays. Ces droits font
perçus non-feulement fur ce qui fe tranf-
porte d'un Port ou Havre à un autre, mais
encore fur ce qui circule dans l'intérieur
de la Province, en partant des lieux où
les Bureaux de recette font établis. Ainfi
c'étoit fur les Bretons, comme fur les Anglois, les Poitevins, ou les Normands ;
c'étoit même principalement fur les Bretons que portoient, avant la réunion de
la Bretagne à la Couronne, les perceptions que les Ducs, en qualité de Souverains, avoient établies fur tout ce qui
entroit par les frontières de leurs Etats,
comme fur tout ce qui en fortoit ; le cas
même de la fortie pour y rentrer, y cir-
culer, & y être confommé, n'étoit pas
toujours excepté.

3°. Enfin, quoique ces perceptions fuffent établies pour augmenter les revenus
publics, il eft bon de remarquer que les
Ducs avoient attention d'augmenter ou
de modérer les droits, felon qu'ils ju-
geoient que le bien de leurs Sujets en général, ou le bien de quelque partie de la
Bretagne pouvoient l'exiger. Par exem-

ple, le muid de bled chargé à Nantes pour aller à la mer, n'eft affujetti qu'à 4 den. Le muid de bled venant par eau du dehors de l'Evêché de Nantes, du pays d'Amont par la Rivière de Loire, eft chargé de 10 fols de droits. (1)

La pancarte de la *Traite domaniale* contient deux fortes de droits, le droit de *Paffe-porte*, qui n'intéreffe que le commerce intérieur de la Province, & le droit de *Traite*, proprement dit, qui eft le feul dont il s'agiffe ici.

» Ce droit de *Traite* eft dû à la *fortie* » ou *iffue* par terre du Pays & Duché de » Bretagne, fur les marchandifes qui y » font *nées*, *fabriquées*, *négociées*, ou » qui du moins *s'y font*, par leur féjour, » en quelque forte *naturalifées*. « C'eft la définition que les Etats de la Province ont donnée du droit de *Traite domaniale*, page 2 d'une Requête qu'ils ont préfentée au Parlement au mois d'Août 1762. Cette définition eft exacte.

Voilà des droits de Traite qui tombent uniquement fur les Bretons, qui affectent

---

(1) Qu'on ne juge point par notre valeur numéraire actuelle de ce droit de 10 f. par muid de blé. Ce droit pouvoit être très-fort, & il y a tel fiècle dans lequel il eût répondu à plufieurs *livres* de notre monnoie.

tous les fruits de leur sol, tous les produits de leur induſtrie, enfin tout ce qu'ils
peuvent faire entrer dans le commerce extérieur par terre. Les marchandiſes qu'ils
ont achetées de l'étranger, & qu'ils veulent revendre au dehors, y ſont même aſ-
ſujetties, lorſqu'elles ont ſéjourné en
Bretagne.

S'il étoit vrai que les droits de *Traite*
fuſſent des *levées*, ſi en conséquence le
conſentement des Etats étoit néceſſaire
pour en faire la perception, certainement
ceux de la Traite domaniale ſont, par leur
objet, de tous les droits de Traite; ceux
pour leſquels les Etats auroient fait valoir
en tous temps, & avec le plus de chaleur,
le privilége qu'ils ont de s'oppoſer aux *le-*
vées qui ſe feroient ſans leur conſentement. On peut donc, par leur conduite
ſur cette branche des droits de Traite,
juger de leurs principes & de leurs droits
ſur toutes les autres.

On n'a pas la plus légère connoiſſance
qu'il ait été fait mention de la Traite domaniale dans aucun des anciens titres de
Bretagne qui ont été imprimés; mais on
voit par le préambule du tarif, ou pancarte ſur lequel les droits ſe perçoivent,
qu'au commencement du ſeizième ſiècle,

les Receveurs exerçoient toutes fortes de brigandages , parce que les droits dûs pour chaque efpèce de marchandifes ne fe percevoient plus fur un tarif déterminé. *Dès le mois de Juin 1511*, Louis XII fit *faire recherche en la Chambre des Comptes* de la *fomme anciennement accoutumée.* Sur l'extrait qui lui fut envoyé de ce que contenoient *les anciens Livres, Lettres & Chartres*, ce Prince fit rédiger un tarif. Les Marchands lui firent repréfenter qu'il étoit *exceffif* par rapport à certaines marchandifes. De nouvelles recherches furent ordonnées ; on fit une *enquête & information de plufieurs Fermiers, fous-Fermiers & Marchands* ; l'extrait & *relation* faits par la Chambre des Comptes, furent communiqués aux gens *de la Chancellerie & Confeil du Pays.* Anne, Ducheffe & Reine, *tranfmit & envoya* des Lettres à Louis XII fur cette affaire ; & fur ces différentes inftructions la pancarte actuelle, qui eft du 3 Décembre 1512, fut rédigée, publiée *à Rennes, Nantes, Ploermel, Dinan & ailleurs*, & attachée *ès tabliers & lieux où fe lève ledit devoir.*

Parmi tant de précautions prifes pour cette opération, on ne trouve point celle

qui eût été la plus effentielle, fi le confentement des Etats étoit néceffaire pour
établir les droits de Traite : la Chambre
des Comptes, les gens de la Chancellerie & Confeil du Pays, la Ducheffe Reine
furent confultés par Louis XII. Il n’eft
pas fait la moindre mention des Etats.
Cependant il y a plus que de l’apparence
qu’ils furent affemblés cette même année :
le Roi l’avoit ordonné, afin d’obtenir des
fecours contre Henri VIII, Roi d’Angle-
terre, qui faifoit des préparatifs pour exécuter une defcente en Bretagne (1). Louis
XII étoit dans cette Province, lorfqu’il
donna la pancarte de la Traite domaniale :
elle eft datée de VANNES. Il n’eft donc pas
poffible de concilier ce qui s’eft fait dans
cette occafion, avec le fyftème de la néceffité du confentement pour des droits
de Traite.

Dira-t-on qu’il ne s’agiffoit pas d’établir une perception nouvelle ; qu’il n’étoit
queftion que de renouveller l’ancienne
pancarte : ce feroit contredire la Déclaration de Louis XII. Il dit pofitivement
que les Marchands *difoient n’y avoir a*
PRÉSENT certain prix coacté ni limité pour

____

(1) *V.* D. Mor. tom. 3, col. 904.

chacune espèce de leurdite marchandise ;
que les Fermiers & leurs Commis faisoient payer les droits *à leurs taux & ar-
bitrages*. Il est démontré que les limites
de la perception n'étoient connues nulle
part ; la Chambre des Comptes se trompa
dans les premiers extraits qu'elle donna,
puisqu'il fallut abandonner la pancarte
dressée sur ces extraits en 1511, comme
contenant des droits excessifs ; que la nouvelle fut dressée d'après d'autres pièces
auxquelles même on ne crut pas devoir
se fier, puisqu'on fit des enquêtes dans
lesquelles les Fermiers, les sous-Fermiers,
*les Marchands & autres notables person-
nages* furent entendus. Tout démontre
ici une fixation nouvelle de droits, puisqu'on n'avoit pas d'ancien tarif aux articles duquel on pût la comparer : ainsi cette
opération étoit au moins équivalente à
l'établissement de droits additionnels.

Si l'on passe du seizième siècle au dix-
septième, & à celui-ci, on trouvera le
libre exercice de la même autorité de la
part du Prince, le même silence de la part
des Etats, une exécution aussi pleine,
aussi entière de ce qui a été changé & réglé relativement aux droits de Traite. Le
tarif sur lequel se perçoivent les droits

d'entrée & de fortie des Fermes générales, & les Réglemens qui les ont augmentés, fupprimés, étendus ou modifiés, n'ont jamais été propofés aux Etats. Les quatre fols pour livre établis en Bretagne en 1715, fupprimés en 1717, rétablis en 1718 pour trois années, prorogés jufqu'à préfent par une fuite non interrompue de Déclarations du Roi, n'ont été demandés dans aucune affemblée de la Province. Ces droits additionnels aux perceptions qui fe font au nom du Roi, ont été regardés comme fi légitimes, que les Etats en ont acquis en 1759 une portion dont ils jouiffent aujourd'hui, & qu'ils firent leur acquifition fur le pied du denier vingt du produit. (1)

____

(1) *V.* le procès-verbal de la tenue convoquée pour le 18 Décembre 1758. On trouve dans un Mémoire intitulé, *Offre des Etats pour parvenir à l'acquifition des droits ci-après,* lequel fut lu à la Séance du 2 Janvier 1759, *les Etats propofent d'acquérir les droits de contrôle des actes, infinuations, quatre fols pour livre, &c.* Dans un autre Mémoire lu à la Séance du 18 du même mois, l'art. 14. des *conditions propofées,* commence par ces mots, *les Etats acquérant au denier vingt, les quatre fols pour livre...* Enfin il eft queftion dans une multitude de Séances de ce même droit additionnel qu'il s'agiffoit d'acquérir en même temps que les droits principaux. Il ne faut pas fuppofer que ce fut la modicité de l'objet qui empêcha les Etats de s'élever con-

Enfin les Etats affemblés en 1762, donnèrent dans leur Séance du 22 Septembre
la déclaration la plus authentique que la
perception des quatre fols pour livre étoit
la chofe la plus étrangère à leur privilége.

Le Roi avoit prorogé la perception de
ces droits par une Déclaration du 29 Octobre 1761. Elle fut envoyée au Parlement de Bretagne, qui, pendant la Chambre des Vacations, rendit une Ordonnance
de *foit communiqué au Procureur-Syndic
des Etats*. Le Subftitut du Procureur
Général Syndic porta cette Déclaration
du Roi aux Etats, & les fupplia de lui
prefcrire *les conclufions qu'il devoit prendre*.

. Ils renvoyèrent cette affaire à leur
Commiffion des Domaines. Sur le compte
qu'elle en rendit, voici la délibération
qui fut portée fur les Regiftres. » Les
» Etats ont chargé leur Procureur Gé-
» néral Syndic, de prendre des conclu-
» fions en ces termes :

---

tre la perception, au lieu
d'en acquérir le produit ; car
dans un Mémoire qu'ils firent infcrire fur leur regiftre
à la féance du 10 Octobre

1762, il eft dit que les quatre fols pour livre entrerent
dans l'acquifition totale pour
fept millions 300 mille livres.

» Le Procureur Général Syndic des
» Etats supplie la Cour d'ordonner que
» la Déclaration du 29 Octobre 1761,
» & l'enregistrement d'icelle, ne pour-
» ront nuire ni préjudicier aux Traités
» faits entre Sa Majesté & les Etats, par
» les Contrats des 18 Février 1759, &
» 12 Décembre 1760, (1) ni en aucun
» cas, aux Droits, Franchises & Liber-
» tés de la Province.

En conséquence la Déclaration du 29
Octobre 1761 fut enregistrée au Parlement; la perception des 4 sols pour livre
se fait au profit du Roi; & les Etats jouis-
sent de la portion de ces 4 sols pour livre
qu'ils ont acquise en 1759, laquelle, aux
termes mêmes de leur Contrat, eût été
éteinte, si cette perception eût cessé.
Cette perception, de l'aveu des Etats,
n'a donc rien de contraire à ce qui est
porté par l'art. 18 du Contrat du 12 Décembre 1760, portant que » pour quel-
» que cause & prétexte que ce soit, il
» ne sera fait aucune *LEVÉE* de deniers

---

(1) Celui de 1759 est le
contrat d'acquisition des *Do-*
maines, Contrôles, Francs-
Fiefs, Impôts, Billots &
Formule. Celui du 12 Décembre 1760, est le contrat
qui se renouvelle tous les
deux ans entre les Commissaires du Roi & les Etats.

» dans la Province, fans le confentement
» *exprès* des Etats.

Les deux fols pour livre qui ont donné lieu à la fituation malheureufe où fe
trouve la Province, font de même nature
que les quatre fols pour livre ; & l'un de
ces deux fols a été établi par la Déclaration du Roi du 3 Février 1760. La demande en fut faite aux Etats dans la même année, & dans des termes que les cir-
conftances actuelles rendent effentiel de
rapporter.

MM. les Commiffaires du Roi firent
remettre aux Etats une copie des articles
4 & 6 de cette Déclaration ; en conféquence, ils leur firent *déclarer* que l'intention de Sa Majefté étoit que *le fol pour
livre* fût perçu à fon profit fur les droits
» qui compofoient ci-devant la fous-Fer-
» me des *Domaines, Contrôles, & autres*
» *droits y joints*, cédés par Sa Majefté à
» la Province, par contrat du 18 Février
» 1759, & fur les droits qui compofent
» *la Ferme des devoirs & celle des impôts*
» *& billots* . . . . Que fi cependant les
» Etats *préféroient d'abonner* ledit droit
» d'un fol pour livre fur *toutes* les parties
» qui y font fujettes par ladite Déclara-
» tion, *autres néanmoins que celles qui*

» *font actuellement comprifes dans le bail*
» *des Fermes générales de Sa Majefté*,
» moyennant une fomme fixe proportion-
» née au produit dudit droit, Sa Majefté
» autorifoit fes Commiffaires à y confen-
» tir en fon nom. «

Les Etats jugèrent qu'ils devoient pré-
férer à l'abonnement du produit du fol
pour livre, l'offre d'un fecours extraordinaire de 460 mille liv. & ils ordonnèrent
le 21 Octobre 1762, » que pour ne pas
» gréver la feule partie des droits fur les
» boiffons, levée au profit de la Province,
» la fomme de 400 mille liv. fera fuppor-
» tée *par la Ferme des devoirs*, & autres
» droits compris dans ladite *Ferme*, &
» celle de 60 mille liv. *par les droits ac-*
» *quis en 1759*, actuellement régis au
» profit des Etats.

Il n'eft pas poffible de porter plus loin
la démonftration de ces deux faits ; l'un,
que le Roi n'a jamais entendu que l'établiffement & la perception des droits primitifs & additionnels de fes Fermes générales, euffent befoin du confentement
des Etats : Sa Majefté les a fait excepter
nommément dans la demande écrite de fes
Commiffaires. L'autre, que les Etats eux-
mêmes n'ont jamais penfé que leur con-

fentement fût néceffaire fur ce genre de perception. L'exception portée dans la demande leur eût ouvert les yeux, fi cette partie les eût regardés, & même les eût mis dans la néceffité de revendiquer leur privilége.

Les chofes étoient dans cet état, lorf-que s'eft élevée la conteftation fur la per-ception des deux fols pour livre, en con-féquence de la Déclaration du 21 No-vembre 1763. On a déja obfervé que l'un de ces deux fols étoit établi par la Dé-claration du 3 Février 1760, & l'on vient de voir ce qui s'eft paffé aux Etats de 1762, au fujet de ce premier fol pour li-vre. Les conféquences qui en réfultent pour l'affaire des deux fols pour livre doi-vent frapper tout le monde.

Les deux fols pour livre dont la per-ception eft ordonnée par la Déclaration de 1763, ont éprouvé en Bretagne des contradictions; d'abord aux Etats, enfuite au Parlement. Les Etats s'en font occupés pendant plus de quatre mois. Comme les délibérations qu'ils ont prifes font la bafe de tout ce qui s'eft fait au Parlement, il eft très-effentiel d'avoir une idée nette de ces délibérations. Elles font en grand nom-bre; la rédaction en eft quelquefois embarraffée ; mais avec de la droiture & de la candeur , on reconnoît aifément & les intentions des Etats, & les vraies limites du rachat qu'ils ont compté faire par un fecours extraordinaire de 700 mille livres.

Un des membres de la Nobleffe repréfenta le 14 Octobre 1764, que la Déclaration du 21 Novembre précédent, *outre plufieurs autres impôts*, ordonne au profit du Roi la perception de deux fols pour livre *fur les Octrois des Villes*, & que cette perception fe faifoit fans le confentement des Etats. Quelles que fuffent les intentions de celui qui fit cette repréfentation, on voit bien qu'il n'ignoroit pas que Sa Majefté n'a pas befoin du confentement des Etats fur l'article unique dont il parle nommément. Pour éviter le danger d'un défilé fi étroit, il propofa dans fon avis » d'envoyer l'un de MM. les » Procureurs Généraux Syndics former » oppofition au Parlement à l'exécution » de ladite Déclaration, dans *toutes* les » difpofitions en fait de *levées de deniers* » qui n'ont point été propofées aux Etats, » & par eux confenties, & à la levée *qui* » *fe fait* contre les droits de la Province.

Les Etats ordonnèrent de former oppofition

pofition à l'enregiftrement de la Déclaration du 21 Novembre 1763 , & aux *levées faites* fans délibération des Etats ,
ou fans leur confentement, en vertu de
cette Déclaration. On ignore & les rai-
fons, & les conclufions de la Requête ;
mais le difpofitif de l'Arrêt eft conçu en
ces termes : » La Cour a décerné acte aux
» Gens des trois Etats de leur oppofition
» à l'Arrêt d'enregiftrement du 5 Juin
» 1764, de la Déclaration du Roi du 21
» Novembre 1763 , & de leur demande
» en rapport contre tout ce qui fe trouve
» autorifer de nouvelles levées de deniers
» fans leur délibération & confentement ;
» ordonne que pour y faire droit , les
» Supplians viendront plaider avec le Pro-
» cureur Général du Roi, & que la per-
» ception des deux nouveaux fols pour
» livre demeurera furfife jufqu'à les avoir
» entendus, & jufqu'à ce, fait défenfes aux
» Régiffeurs, Commis & Prépofés de la
» continuer, *fous peine de concuffion.*
En comparant attentivement l'avis qui
termine la repréfentation faite aux Etats,
leur délibération & l'Arrêt, on y remar-
que quelques différences.

Peu de jours après , MM. les Commiffaires du Roi firent demander aux

F *

Etats l'ancien & le nouveau fol pour livre.
Il ne fera pas inutile d'avoir fous les yeux
les propres termes de la demande.

» Sa Majefté ayant été forcée.....
» d'établir, par fa Déclaration du 21 No-
» vembre 1763, un nouveau fol pour li-
» vre, en outre de celui qu'elle avoit établi
» par fa Déclaration du 3 Février 1760,
» & les Etats ayant, dans leur affemblée
» dernière, délibéré de donner, pour te-
» nir lieu du premier fol pour livre *fur
» les droits qu'ils lèvent à leur profit*, un
» fecours extraordinaire, au payement du-
» quel ils avoient pourvu par une augmen-
» tation *fur lefdits droits*, Sa Majefté ne
» doute point qu'ils ne s'empreffent *éga-
» lement dans cette affemblee* de lui don-
» ner un *nouveau* fecours extraordinaire
» *proportionné* à ceux qu'il reçoit des au-
» tres Provinces de fon Royaume, par
» l'exécution de l'art. VII de la Déclaration
» du 21 Novembre 1763. Qu'en confé-
» quence, le Roi attend de leur fidélité
» & de leur zèle pour fon fervice, qu'ils
» lui donneront un nouveau fecours ex-
» traordinaire pour chacune des années
» 1765 & 1766. Et que Sa Majefté étant
» dans l'intention de leur procurer à ce
» fujet le traitement le plus favorable,

» tant fur la fixation dudit fecours ex-
» traordinaire, que fur les moyens qu'ils
» devront employer pour s'en procurer le
» montant, elle a autorifé fes Commif-
» faires à entendre les propofitions qui
» leur feront faites à ce fujet par les Etats.«

Il eft fi fort dans la nature, il eft d'une logique fi univerfelle d'entendre un acte actuel, dans le même fens qu'un acte paffé dont le cas étoit rigoureufement femblable pour le fond, qu'il n'eft pas néceffaire d'avoir été préfent à la Séance des Etats, dans laquelle cette demande fut portée, pour être parfaitement sûr de l'évaluation qui en fut faite fur le champ. Pour la bien faire, il fuffit de favoir le parti que prirent les Etats en 1762, à l'occafion du fol pour livre de 1760, & tous les Membres de l'Affemblée en étoient inftruits mieux que perfonne : ils virent donc d'un coup d'œil ce qui leur étoit demandé en 1764. Les Etats donnèrent pour l'ancien fol un fecours extraordinaire de 460 mille liv. Sa Majefté demande donc un fecours ex-traordinaire de 920 mille liv. pour l'an-cien & le nouveau réunis. Le premier fol devoit être pris fur les droits cédés à la Province en 1759, & fur ceux de la Fer-me des devoirs. Ce fut en effet fur ces deux

parties que furent pris les fonds néceffaires
pour le payement des 460 mille liv. & la
Province les trouva *par une augmentation fur lefdits droits*. Mais Sa Majefté
veut bien accorder aujourd'hui le traitement le plus favorable fur deux chofes ;
l'une regarde *la fixation du fecours extraordinaire* ; l'autre regarde *les moyens
pour s'en procurer le montant*. Le Roi eft
donc difpofé à fe contenter d'une fomme
moindre que 920 mille liv. & ce ne fera
point par voie d'augmentation fur les
droits cédés à la Province, & fur la Ferme des devoirs, que le fecours extraordinaire fera fourni. (1)

---

(1) Il eft fi certain que ce fut dans ce fens que la demande fut entendue par l'affemblée, qu'à la Séance du 22 Novembre, elle chargea une députation de repréfenter aux Commiffaires de Sa Majefté : » Que les Etats ne » pouvoient actuellement dé- » libérer fur la demande du » fecours extraordinaire, » ainfi qu'elle leur eft pré- » fentée ; qu'elle fembleroit » en effet porter *un double- » ment entier* de ce que les » Etats *ont accordé à Sa Ma- » jefté dans leur dernière te- » nue*. Que cependant MM. » les Commiffaires n'igno- » rent pas que *le bail des Fer- » mes de la Province* préfente » dans fes produits une dimi- » nution de plus d'un million » depuis le bail de 1758, *qui » avoit fervi de bafe à la de- » mande faite aux Etats der- » niers.* «

Que répondirent à cette députation MM. les Commiffaires du Roi ? » Qu'à la » vérité cette demande avoit » pour objet *le doublement » entier* de ce qui avoit été » accordé *pour même raifon* » par les Etats *derniers* ; mais » que fi les Etats avoient des

Si dans le moment rapide de cette com-
binaison, quelqu'un eût fait cette question : les deux fols pour livre des droits
des Fermes feront-ils renfermés dans le
nouveau fecours extraordinaire ? toute
l'Affemblée lui eût répondu que cette partie des deux fols pour livre avoit été formellement exceptée en 1762 ; que s'agiffant uniquement de faire pour deux fols,
ce qu'on avoit fait deux ans auparavant
pour un fol, il n'étoit pas même queftion
de parler des deux fols pour livre des
Fermes générales. Que Sa Majefté faifant
déclarer aux Etats l'intention d'accorder
le traitement le plus favorable, ce qui
annonçoit une diminution fur le doublement exact, montant à 920 mille livres,
c'eût été expofer la Province à fournir au
contraire un fecours extraordinaire plus
fort, que de demander à faire entrer les
deux fols pour livre des Fermes générales
dans cet arrangement.

» motifs légitimes de dimi-
» nution à faire valoir, *tels*
» *que la diminution des Fer-*
» *mes*, ou autres motifs fon-
» dés, il feroit jufte de les
» examiner & difcuter. «
Les Etats demandèrent à
leur Séance du 30 Novem-
bre : » Que le fecours ex-
» traordinaire n'eût pour bafe
» *que le prix du bail*, tel qu'il
» fera adjugé *dans la préfente*
» *tenue.* «

Si l'auteur de cette queſtion eût inſiſté, & qu'il eût dit que les deux ſols pour livre des Fermes devoient faire partie des perceptions rachetées par le ſecours extraordinaire, puiſque la demande du Roi parloit de l'article VII de la Déclaration de 1763, & que ces deux ſols étoient compris dans ce même article ; on lui eût répondu qu'il confondoit les objets. Que la demande ne porte point que le ſecours extraordinaire embraſſera toutes les parties dont il eſt queſtion dans l'art. VII, mais ſeulement qu'il ſera *proportionné* aux ſecours que Sa Majeſté reçoit des autres Provinces, PAR *l'exécution de l'art. VII.* Que les parties des deux ſols pour livre demandées, répondant à ce qui fut accordé pour un ſol en 1762, & ce qui fut alors accordé ayant été meſuré d'après la diſtraction faite de ce qui concerne la Ferme générale, il eſt clair que 920 mille liv. ne feroient pas un ſecours *proportionné* à ceux des autres Provinces, ſi ces deux ſols pour livre des Fermes générales ſe trouvoient compris dans l'arrangement des Etats.

On raiſonne ici comme on eſt perſuadé que raiſonnèrent les Etats le 20 Octobre 1764. On croiroit manquer à ce qui eſt dû aux repréfentans d'une Nation, fi l'on fuppofoit qu'ils réduifirent la demande à cette propofition : L'intention du Roi eft de ne pas exiger pour le rachat de deux fols, le double de ce que nous avons accordé pour un fol il y a deux ans ; il compte joindre à cette grace celle de nous accorder le traitement le plus favorable fur les moyens que nous pouvons employer pour payer ; & enfin, pour mettre le comble à fes bienfaits, il confent à fe priver par contrat, du produit des deux fols pour livre de fes Fermes générales qu'il avoit expreffément réfervé en 1760, fauf à en ufer fur cet article comme il le jugeroit à propos.

Ceux qui fuppoferoient une fi étrange dialectique au Corps entier des Etats de Bretagne, devroient bien nous expliquer comment il a pu fe faire que les avis définitifs de chacun des Ordres ne continffent rien de femblable. C'eft même dire trop peu ; car les avis font, au contraire, la preuve la moins équivoque que la demande du Roi ne fut jamais entendue dans un fens fi oppofé à l'énonciation de fes Commiffaires. Les Ordres, après une difcuffion de plus de quatre mois, ne croyoient même pas, & avec raifon, que

F iv

la perception des deux fols pour livre des Octrois des Villes dût, de plein droit, n'avoir pas lieu en vertu du fecours extraordinaire. Aufſi prirent-ils le parti d'exprimer formellement, qu'en confidération de ce fecours, ils ne feroient pas perçus. N'euffent-ils pas fenti plus vivement encore la néceſſité d'exprimer formellement que les deux fols pour livre des Fermes générales n'auroient pas lieu , puifque cette partie avoit été exceptée en propres termes pendant la tenue de 1762?

L'Ordre de l'Eglife & l'Ordre du Tiers furent d'avis, le 26 Janvier 1765 , » d'of-
» frir à Sa Majefté un fecours extraordi-
» naire de la fomme de 700 mille livres
» par emprunt ..... *pour tenir lieu de la
» demande faite par Sa Majefté, relative
» à l'art. VII de la Déclaration du 21 No-
» vembre 1763, & nommément pour te-
» nir lieu du dixième (deux fols pour li-
» vre.) en fus des Octrois des Villes. »*
L'Ordre de la Nobleffe *confentit*, le 22 Février fuivant, *qu'il fût donné au Tré-forier des Etats une procuration pour emprunter la fomme de 700 mille livres.* D'après ce confentement, l'avis des Ordres de l'Eglife & du Tiers forma la délibération des Etats, parce qu'il eft de

règle en Bretagne, que quand les trois Ordres accordent un fonds, l'avis de deux Ordres qui se réunissent, détermine la forme de la délibération. Le secours extraordinaire a donc été accordé pour tenir lieu *de la demande* faite par Sa Majesté, *relative à l'art. VII* de la Déclaration, & *nommément* pour tenir lieu des deux sols pour livre *en sus des Octrois* des Villes.

Cette délibération ne doit pas laisser le moindre nuage, après la discussion dans laquelle on est entré sur ce qui l'a précédée en 1764, & sur ce qui s'étoit passé aux Etats de 1762, au sujet du premier sol pour liv. Si cependant il se trouvoit quelqu'un qui pût penser que par cette délibération les Etats ont voulu embrasser l'universalité des objets compris dans l'art. VII, on se borneroit à lui faire cette question : Croyez-vous, malgré ce que les Etats ont dit *nommément* des Octrois des Villes, que les termes dont ils se sont servis soient synonymes de ceux-ci : Les Etats offrent à Sa Majesté un secours extraordinaire de 700 mille liv. *pour tenir lieu de l'universalité des droits établis par l'art. VII de la Déclaration du 21 Novembre 1763 ?* Toute autre question, tout autre éclaircissement seroient parfaitement inutiles

pour ceux à qui ces deux énonciations pa-
roîtroient en effet synonymes.

Il est évident, par tout ce qui s'est passé
aux Etats relativement aux droits de Traite, qu'ils n'ont jamais cru pouvoir former
de réclamation sur cet objet. Leur conduite est la démonstration la plus claire
de la connoissance développée qu'ils ont
de ce qui constitue proprement leur privilége, & de l'exactitude religieuse avec
laquelle ils se renferment dans ses bornes
légitimes.

*Si le droit & le fait s'accordoient pour
établir en faveur des Etats la nécessité
de leur consentement , à l'égard des
droits de Traite, leur intérêt seroit d'y
renoncer.*

Un Prince qui fait rédiger un tarif de
droits sur les denrées & les marchandises
qui entrent dans ses Etats, ou qui en sor-
tent , ne peut pas arbitrairement charger
certaines parties de droits, en mettre de
foibles sur d'autres, proscrire totalement
l'entrée ou la sortie de certaines marchandises, ou les exempter de toute contribution en entrant ou en sortant. Il ne dépend pas plus de lui de fixer invariablement

la durée de la prohibition, de l'exemption de droits, ou de la quotité de perception qu'il a cru devoir établir. Il eſt dirigé dans ces opérations par des circonſtances qui preſque toutes lui ſont étrangères.

L'arbitraire régnoit & devoit même régner dans les tarifs rédigés dans ces ſiècles humilians pour l'humanité, où tout étranger étoit regardé comme un ennemi, où le commerce franchiſſoit à peine les limites étroites de chaque territoire. Les Nations étoient dans un état perpétuel de guerre, par la raiſon qu'il n'y avoit alors aucun Souverain aſſez riche par lui-même, ou aſſez abondamment ſecouru par ſes Sujets, pour maintenir l'ordre & la paix entr'eux par une autorité coactive, & pour impoſer au dehors par une puiſſance munie de tous les moyens propres à ſe faire reſpecter. Les droits qu'établiſſoient les Princes étoient une branche de leurs revenus, & n'étoient pas autre choſe. On pouvoit donc ſuivre des règles arbitraires, ou plutôt on ſe livroit à l'arbitraire, par la raiſon même qu'on n'avoit pas de règles.

Mais aujourd'hui que la communication eſt générale entre les Nations, que

nos befoins fe font multipliés par l'habi-
tude de jouir des productions de l'art ou
de la nature tirées des pays les plus éloignés ; chaque Nation eft dans une forte
de dépendance de toutes les autres. Le
Prince qui interdit l'entrée d'une denrée,
ou d'une marchandife de fes voifins, ou
qui les charge de droits, doit s'attendre
que ces mêmes voifins s'en vengeront par
la prohibition de quelque production du
pays où l'on a donné ce mauvais exemple.

D'un autre côté, quand un Souverain
cherche à favorifer dans fes Etats une
branche de production ou d'induftrie qui
n'eft pas parvenue à un état fuffifant de
confiftance, la route ufitée eft de mettre
des obftacles à l'introduction de denrées
ou de marchandifes femblables venant de
l'étranger : l'augmentation de droits eft
un des plus fûrs moyens de rendre cette
introduction difficile. C'eft l'affaire du
Souverain, que de comparer ce qu'il rif-
que de perdre dans cette occafion, par
des repréfailles de furcharge de droits,
dont fes voifins font maîtres de faire ufage.
Cette comparaifon demande un efprit de
calcul dont très-peu de perfonnes font capables.

Les matières premières des Manufactures peuvent manquer dans le pays le plus peuplé d'hommes induſtrieux ; le territoire le plus fécond & le mieux cultivé peut ſe refuſer à la production de denrées néceſſaires à la ſubſiſtance ou à d'autres beſoins ; il devient alors prudent & même indiſpenſable de n'établir que des droits très-modérés ſur les matières premières , & ſur les denrées dont on ne peut, ou dont on ne ſait pas ſe paſſer.

Dans les pays mêmes où les matières premières ſont ordinairement ſurabondantes, l'intempérie des ſaiſons ſuffit pour jetter dans le déſœuvrement une multitude de bras occupés à les préparer, & qui n'ont pas d'autre moyen de ſubſiſtance. Il eſt d'uſage alors, 1°. de défendre la ſortie de ces matières, afin de conſerver au travail national tout ce qui en exiſte dans l'Etat ; 2°. de faciliter l'introduction de ſemblables matières venant de l'étranger. On ſe propoſe deux choſes par cette introduction ; l'une, d'entretenir toutes les mains induſtrieuſes ; l'autre, de ramener le prix de la matière à ſon taux naturel, dont elle s'éloigne toujours, lorſqu'elle eſt rare.

Dans tous ces cas, & l'on pourroit en propoſer mille autres, il eſt évident que la détermination des gênes ou des facilités employées dans un tarif ne dépendent pas de la volonté du Prince ; cette détermination n'eſt que l'effet des avantages naturels des États voiſins, ou de leur conduite ; du degré de fécondité du territoire, & de l'abondance ou de la diſette des productions expoſées à l'inſtabilité des ſaiſons.

Les tarifs ne ſont donc plus, comme autrefois, une affaire de pur revenu pour les Princes ; c'eſt aujourd'hui une affaire de commerce général, dans laquelle toute Nation eſt dans la néceſſité de compter avec chaque Nation en particulier ; on eſt forcé par-tout à meſurer ſa marche, ou ſur celle que prennent les autres, ou ſur celles qu'on a lieu de craindre qu'ils ne priſſent, ſi l'on cherchoit à ſe procurer des avantages trop marqués. Comme ces cauſes étrangères, & l'inclémence des ſaiſons agiſſent indépendamment de la volonté du Souverain, & au moment qu'il s'y attend le moins, l'adminiſtration des tarifs eſt ſujette à des variations de toute eſpèce, & demande la plus grande célérité dans ſes opérations. L'augmentation ou la diminution du produit ſont comptés pour rien dans cette adminiſtration ; un intérêt très-supérieur fait disparoître un objet si mince : on en peut juger par quelques exemples qu'on en donne au Lecteur. (1)

---

(1) Arrêt du Conseil qui ordonne que le droit de 2 sols 6 den. par muid, qui se perçoit sur les futs ou futailles servant au transport des Cidres du crû des Provinces de Bretagne , ou de Normandie seulement, ne pourra être perçu que sur les futailles neuves.

Autre , qui ordonne que les cires jaunes ou brutes qui seront apportées des Pays étrangers, pour être blanchies dans les Blancheries du Royaume , & seront ensuite envoyées blanches à l'étranger, jouiront de la restitution des droits d'entrée payés à l'arrivée, & de l'exemption des droits de sortie.

Autre , qui modère à 3 l. le millier de morue séche, & à 15 sols le cent de morue verte, les droits d'entrée sur celles provenant de la pêche des Habitans de S. Malo, & qu'ils feront entrer par les Ports de Normandie.

Autre , qui fait défenses à tous Particuliers de faire sortir hors du Royaume aucuns bestiaux de toute espèce, à peine de confiscation , & de 3000 liv. d'amende.

Autre , qui fait défenses de sortir du Royaume pour l'étranger, aucun lard & autres salaisons , à peine de confiscation, & de 3000 l. d'amende.

Autre , portant modération de droits sur les plombs, l'alquifou , la litarge , le minium & la céruse, provenans des mines de Basse-Bretagne.

Autre qui fixe à 25 liv. du cent pesant les droits sur les peaux de moutons & d'agneaux en laine qui sortiront du Royaume , à la destination de l'étranger.

Autre , qui ordonne que les peaux de lapin brutes payeront 20 liv. du cent pesant de droits de sortie.

Autre du 10 Juin 1747 , qui fixe les droits de sortie du poil de lapin séparé de la peau , à 100 liv. du cent pesant.

Autre , qui permet l'entrée dans le Royaume , sans payer aucuns droits , des lards, suifs, chandelles, saumons salés destinés pour les Isles & Colonies françoises.

Supposons que dans les siècles reculés, où cette économie politique n'existoit pas, où les droits d'entrée & de sortie n'étoient que des revenus, les grands Vassaux des Ducs de Bretagne eussent entrepris de faire marcher la perception de ces droits sur la même ligne que les *levées;* supposons encore que, profitant d'une supériorité de forces fondée sur les dispositions anarchiques du droit féodal, ils eussent imposé à leurs Souverains la nécessité d'obtenir leur consentement, avant que d'établir des droits d'entrée & d'issue, il est cer-

Autre, qui renouvelle les défenses précédemment faites d'introduire & faire entrer dans le Royaume des sardines de pêches étrangères.

Autre, portant exemption de tous droits d'entrées & locaux dependans des cinq grosses Fermes, sur les laines non filées, les cotons en laine, les chanvres & lins en masse & non apprêtés, les poils de chameau & de chevreau, & les poils de chèvres filés & non filés, venant de l'étranger dans le Royaume, ou qui passeront d'une Province dans une autre.

Autre, qui ordonne que les laines non filées qui seront envoyées de l'étranger dans le Royaume, pourront en sortir librement par tous les Ports du Ponant, en exemption de tous droits.

Autre, qui ordonne que les Navires uniquement armés pour la pêche, jouiront de l'exemption des droits de sortie des Traites, ou C. G. F. exigibles dans les ports où ils seront armés, sur les vivres, vins, eaux-de-vie & autres boissons servant à leur avitaillement.

Autre, qui accorde, pendant six années, l'exemption des droits sur les bestiaux venant de l'étranger, &c.

tain

tain que les. Etats compteroient aujour-
d'hui parmi leurs priviléges , celui de
mettre obftacle à toutes les variations
qu'exige le commerce en général. Quelques mefures que priffent les Puiffances
étrangères pour détruire le commerce de
la Bretagne ; quelque ruineux qu'il fût
pour les Propriétaires de ne pouvoir ex-
porter dans des temps de furabondance
les denrées dont la fortie eût été inter-
dite dans d'autres temps ; quelque befoin
qu'euffent les Fabriquans Bretons de matières premières dont leur pays feroit dé-
pourvu , & dont l'introduction eût été
ci-devant défendue ; il faudroit attendre
que les Etats fuffent affemblés, pour pouvoir rompre les mefures des Princes voifins, accorder aux Propriétaires la jouiffance de leurs revenus, & affurer du travail & des fubfiftances aux claffes induf-
trieufes. Ne voit-on pas qu'alors l'effet
direct & néceffaire de ce privilége, feroit,
1°. de laiffer s'accroître un mal très-grand,
malgré la facilité d'y remédier : 2°. de ne
pouvoir fonger à en arrêter les progrès,
que lorfque leur rapidité l'eût rendu irre-
médiable. Ce feroit manquer aux Etats
de Bretagne, ou plutôt ce feroit ne les
pas connoître, que de leur fuppofer un

G *

attachement superstitieux à un privilége
si destructeur, on pourroit presque dire,
si meurtrier. Ecoutons-les eux-mêmes sur
les principes d'administration des droits
dont il s'agit, & l'on ne doutera pas un
instant que, si l'étrange privilége qu'on
vient de supposer eût jamais existé, ils
en eussent eux-mêmes sollicité l'anéan-
tissement.

» La Traite domaniale de Bretagne «,
disent-ils, page 10 de leur Requête pré-
sentée au Parlement au mois d'Août
1762, » a toujours été une imposition
» modique. *Sa modicité invariable fut*
» *un des moyens politiques* employés *par*
» *les premiers Souverains du Duché,*
» pour *faciliter l'exportation* dans les
» Provinces de France «. Cette maxime
politique ne peut avoir servi de guide
aux *anciens Souverains* de Bretagne, qui
ont fixé les droits de la Traite domaniale.
On en a dit la raison. Mais les Etats étant
bien convaincus que les droits de Traite
sont un *moyen politique* pour favoriser
les opérations du commerce, il est tout
naturel qu'un principe si universellement
avoué, leur ait fait supposer qu'il étoit
connu de Louis XII, & même des premiers Souverains du Duché. Au reste, il

eſt très-poſſible que ce Prince ait apperçu ce moyen politique, parce que ſous ſon règne on commençoit à entrevoir ce que le commerce pourroit devenir un jour. C'eſt peut-être par ce motif ſupérieur, qu'il anéantit la pancarte qu'il avoit ré-glée en 1511, ſur les Mémoires de la Chambre des Comptes, pour y ſubſtituer celle de 1512, dont les droits ſont plus foibles. Ce qu'il y a de certain, c'eſt que la perſuaſion où les Etats ont été que ce principe d'adminiſtration étoit connu des anciens Souverains de Bretagne, & les dirigeoit dans la confection des tarifs, eſt la plus forte preuve que ce principe leur paroît indubitable. On doit en conclure qu'ils ſeroient bien éloignés d'aſſervir l'adminiſtration des Traites à leur conſen-tement, quand même dans des ſiècles re-culés c'eût été un de leurs priviléges.

Quels préjudices n'eût pas ſouffert cette Province, s'il eût fallu attendre l'aſſemblée des Etats pour venir à ſon ſecours, tou-'tes les fois que des événemens extérieurs ou intérieurs ont exigé des modérations, ou des ſuppreſſions totales & ſubites de droits ſur des branches de ſon commer-ce? D'ailleurs, quelque bien intention-nés, quelqu'éclairés que ſoient les Etats de Bretagne, s'en fieroient-ils à eux-mêmes fur une matière fi délicate? Il eft de la dernière importance de ne fe pas méprendre. Comment les Membres qui compofent cette Affemblée, pourroient-ils connoître & rapprocher la multitude de faits fans lefquels les méprifes feroient inévitables & innombrables? Originairement, c'eft à raifon de leur fouveraineté que les Princes ont été maîtres d'établir à leur gré des droits de Traite, & de les gouverner avec cette indépendance qui n'admet la néceffité du confentement de qui que ce foit. Les droits de fouveraineté font aujourd'hui les mêmes; mais l'intérêt politique du Corps de la Nation femble les avoir accrus, en rendant néceffaire, l'exercice d'une prérogative qui n'étoit originairement que jufte.

S'il étoit poffible que par des modérations ou des fuppreffions de droits de Traite dans les autres Provinces, le Roi mît une grande difproportion entre leur commerce & celui de la Bretagne, cette Province feroit ruinée. Par la même raifon, les autres Provinces éprouveroient un très-grand préjudice, fi, faute de confentement de la part des Etats, les Bretons fe trouvoient exempts de droits qui

feroient payés par - tout ailleurs. Il y a
donc fur cette matière une balance néceffaire au bien commun , & le befoin
de la tenir perfévéramment en équilibre,
exclut tout autre que le Souverain d'un
foin fi important. La Bretagne offre un
exemple récent de la néceffité de tenir
cette balance d'une main ferme & ftable.
Une Ville de cette Province a renouvellé
des tentatives qu'elle avoit déja faites pour
devenir un *Port franc*. Les autres Villes
commerçantes de la Bretagne s'y font
fortement oppofées. Rien ne prouveroit
mieux , fi ce principe d'adminiftration
avoit befoin de preuves, qu'il y a une balance réelle & reconnue à maintenir, non-
feulement de Province à Province , mais
encore de Ville à Ville. Comment une
balance fi difficile à régler , mais fi néceffaire , pourroit-elle fe perpétuer dans
l'Etat , s'il dépendoit du confentement
d'un Corps qui n'a pas fous les yeux l'enfemble des befoins du Royaume , de trou-
bler cette harmonie générale fur laquelle
fe font appuyés les Bretons mêmes , pour
empêcher leurs propres compatriotes
d'obtenir un *Port franc ?*

On ne cherchera point à diffimuler,
(car on ne veut & on ne doit fe permet-

tre aucune diſſimulation dans un écrit uniquement dicté par l'amour de la véri-té ;) on ne cherchera point, dis-je, à diſ-ſimuler une objection qui ſemble devoir ſe préſenter à tout le monde. Un droit additionnel, pourroit-on dire, embraſſe l'univerſalité des denrées & des marchan-diſes ; ainſi on ne peut y appliquer le prin-cipe d'utilité publique, qui oblige à mo-dérer les droits ſur les unes, & à les aug-menter ſur d'autres.

Cette obſervation eſt vraie ; c'eſt donc un devoir que d'examiner quel uſage peu-vent en faire ceux qui ſont animés par l'amour du bien public, & qui ne cèdent point à d'autres impreſſions. Il paroît évi-dent :

1°. Que les droits de Souveraineté, qui donnent au Prince la garde & l'admi-niſtration des frontières de ſes Etats, qui mettent dans ſa main le pouvoir d'en ou-vrir ou d'en fermer les barrières, & en conſéquence d'établir à ſon gré des droits ſur les marchandiſes qui y entrent ou qui en ſortent, lui aſſurent le même pou-voir ſur les droits additionnels, que ſur les droits primitifs.

2°. Que les motifs de bien public, qui porteroient à dépoſer dans ſa main la

pleine autorité d'adminiftrer ce qui concerne les Traites, quand même il ne la
tiendroit pas du droit de Souveraineté, ne
permettroient pas d'établir une règle op-
pofée pour ce qui ne feroit qu'un accef-
foire des droits dont il auroit le pouvoir
d'ordonner la perception.

D'ailleurs, il ne faut pas oublier que
le produit des droits de Traite eft un revenu pour l'Etat, en même temps que
les variations dans la quotité du droit
font un moyen politique pour favorifer
le commerce. Si un droit additionnel
étoit néceffaire comme revenu, faudroit-
il s'en priver, fous le prétexte étranger
qu'il ne feroit pas néceffaire comme reffort politique du commerce ?

Il eft vrai que des perfonnes bien in-
tentionnées prétendent qu'une addition
générale de droits, loin d'être une augmentation de revenu, fait diminuer le revenu des anciens produits. Mais comme
l'exercice des droits du Prince ne peut
être ni fupprimé, ni fufpendu par les fpé-
culations politiques de fes Sujets, la raifon & la bienféance indiquent le feul
parti que devroient prendre ceux qui feroient pénétrés de ces principes. L'oppofition ou la réfiftance à l'exécution des

àrrangemens que pourroit prendre le Prince contre fes propres intérêts, n'ont jamais
apporté de lumière, ni prouvé la folidité
d'un fyftème politique. Il n'y a donc
qu'une feule route à tenir ; c'eft de démontrer qu'une opération à laquelle on fe
foumet par devoir, produit des effets contraires à ceux que le Souverain s'étoit pro-
mis pour le bien de fon Etat. Alors tout
eft en règle ; & ce genre d'intervention
de la part des Sujets dans les opérations
publiques, fortifie un édifice que la réfiftance tendroit à renverfer.

Il faudroit être bien aveugle dans fes
préventions , pour n'être pas convaincu
qu'en établiffant des droits additionnels,
l'intention du Prince ne peut être de diminuer fes revenus ; que fon vœu eft
au contraire de les accroître. Il en réfulte
que le plus grand obftacle qu'on pût
mettre à une perception additionnelle,
l'obftacle le plus fûr & le plus efficace,
feroit de démontrer que la diminution
des revenus publics fera une fuite néceffaire de l'établiffement de cette perception. Mais quelle diftance n'y a-t-il pas
entre une difcuffion approfondie & refpectueufe, dont l'unique objet eft d'expofer que les effets ne répondront pas

aux efpérances qui en ont fait adopter la cauſe, & une réſiſtance formelle & précipitée à des perceptions dont la cauſe & les effets, loin d'avoir été diſcutés, n'ont pas même été connus. L'autorité conſerve auſſi pleinement ſes droits & ſa dignité, en écoutant la raiſon qui lui eſt repréſentée, que lorſqu'elle agit d'après ſes propres lumières ; mais elle perdroit ſon caractère & ſes droits, ſi la réſiſtance ſuffiſoit pour la faire céder, ou même pour obtenir la ſuſpenſion de ce qui a été ordonné. En un mot, des Sujets uſurperoient le droit incommuniquable de gouverner, s'ils s'arrogeoient le pouvoir d'exiger l'adoption proviſoire d'une opinion, ſurtout s'ils n'avoient pas commencé par la diſcuter. Une diſcuſſion ſecrette ne ſuffiroit même pas. Il importe au bien public que le Souverain en ſoit le Juge, parce qu'il a plus de moyens d'en bien juger, & que perſonne n'a tant d'intérêt à ne ſe pas tromper.

Il ſemble qu'on doit conclure de ces réflexions, que l'intérêt des Sujets mêmes eſt que les droits de Traite, de quelque nature qu'ils ſoient, demeurent dans la main du Prince. Que ſi ce n'étoit par une prérogative attachée à la Souveraineté,

ils gagneroient beaucoup à fe dépouiller
de leur ancien droit, pour faire paffer
cette adminiftration dans les feules mains
capables d'en foutenir le poids ; & que
dans le cas où la chofe publique paroîtroit
fouffrir quelque détriment, l'examen ap-
profondi, la difcuffion réfléchie, l'expo-
fition refpectueufe préfentée au Souverain, font les préliminaires juftes & in-
difpenfables d'une décifion qu'il n'appartient qu'à lui de prononcer. Toute autre
voie conduiroit évidemment à l'anarchie.

LETTRE

Relative au Mémoire historique, critique & politique, &c.

VOus me dites, Monsieur, qu'on s'attache beaucoup en Bretagne à des moyens de forme. Je suis fort peu instruit sur cet article ; mais ce que je crois savoir, c'est qu'il ne devroit pas exister de forme par-tout où il n'existe pas de fond. Je crois savoir aussi que, pour l'honneur de l'humanité, & pour la gloire des Etats qui se piquent d'être policés, de simples formes ne devroient jamais être respectées au point de l'emporter sur le maintien de l'ordre public. Ainsi, quand il seroit démontré que, pour se conduire selon les formes, on devoit précipiter la Bretagne dans les maux qu'elle éprouve, & l'exposer pour l'avenir à des maux plus grands encore, je me féliciterois de mon ignorance dans un art qui contredit mes notions, mes penchans & toutes mes idées naturelles & acquises sur ce qui peut constituer le bonheur des grandes Sociétés, & les en faire jouir.

Si je m'étois trouvé dans la nécessité de prendre un parti dans l'affaire des 2 f. pour liv. & qu'il m'eût été impossible de me bien instruire du fond, la seule précaution que j'eusse prise eût été de demander quelle conduite avoient tenue les Etats, lorsque les droits des Fermes & les 4 sols pour liv. de ces droits ont été établis ; je me serois informé si la perception en avoit été consentie ou attaquée. Si l'on m'eût assuré que ces établissemens successifs se fussent faits sans que le consentement des Etats de votre Province eût été demandé, sans qu'en aucun temps la perception en eût été, je ne dirai pas suspendue, mais le plus légérement troublée, je conviens que j'aurois cru tirer une conséquence raisonnable, en disant, qu'apparemment cette matière avoit été regardée par les Etats comme absolument étrangère à leurs Priviléges. Si l'on m'eût pressé d'agir d'après ces premières idées, j'aurois regardé comme indispensable de rendre la perception des 2 sols pour livre provisoire, me réservant, plus par curiosité que par inquiétude, de faire les recherches nécessaires pour reconnoître quel étoit l'état des choses avant qu'il fût question des Droits des Fermes généra-

les & des 4 fols pour liv. d'augmentation.
Enfin, fi l'on m'eût forcé à prendre un
parti définitif, je ne vois point comment
il m'eût été poffible de ne pas regarder la
libre perception des deux fols pour livre
comme indifpenfable ; puifque ce n'eft
qu'un Droit additionnel à des Droits perçus depuis un fiècle, fous les yeux des
États, fur tous les membres de cette Affemblée, fur tous les Bretons, fans que
cette perception ait été attaquée comme
une infraction aux Priviléges de la Province. Je vous avoue de très-bonne foi,
que je n'apperçois ni en quoi, ni comment je me ferois trompé.

Je vois, il eft vrai, par votre lettre,
que, malgré la prépondérance accordée
aux formes, on a fenti la néceffité où
l'on feroit de s'occuper un jour de ce qui
conftitue le fond de l'affaire. On efpère,
dites-vous, qu'en fouillant dans les anciens titres du Duché, on trouvera des
armes puiffantes & peut-être invincibles,
contre toute perception qui fe feroit fans
avoir obtenu le confentement des Etats.
Vous venez de voir à quoi peuvent conduire les efpérances fondées fur l'examen
des titres des fiècles paffés. Mais il me
refte quelques idées à vous communiquer

fur le projet de commencer par rompre tous les liens actuels de la Société, pour fe vouer à n'admettre que ceux qui conftituoient l'adminiftration la plus éloignée à laquelle on pourra remonter.

Si cette refonte étoit totale, la fomme des revenus du Roi en Bretagne feroit *peut-être* moindre, du moins il me paroît qu'on le croit. Mais il eft *fûr* que la fomme de liberté, de fûreté, d'indépendance des Bretons, par rapport aux Propriétaires des grands Fiefs, feroit prodigieufement diminuée ; ou, pour m'exprimer dans un feul mot, il eft fûr que cette Province, dégradée par fes propres mains, rentreroit dans la plus effrayante & la plus honteufe barbarie. Si cette refonte n'étoit que partielle, qu'il me foit permis de demander par qui, & fur quelle règle s'établiroit le partage entre les chofes anciennes qu'il faudroit rétablir, & celles qu'il faudroit laiffer dans l'oubli, où le droit naturel, l'humanité, les bonnes mœurs & l'intérêt public les ont plongées?

Ceux qui pourroient défirer que les Princes fuffent bornés aux revenus de leurs Domaines, & à la perception de quelques Droits inféparables de la Souveraineté, n'ont jamais réfléchi aux affreufes confé-

(111)

qüences de ce fyftème. Ils s'imaginent
que la liberté des Sujets en feroit accrue.
Mais dans la réalité, les Sujets retombe-
roient par là dans la plus odieufe fervi-
tude. Quelques Particuliers, s'il y en a
d'affez atroces pour défirer de pouvoir fe
rendre impunément les tyrans de la Nobleffe ordinaire, des Bourgeois des Villes,
de tous les Habitans de la Campagne,
croiroient y gagner ; mais la totalité de
la Nation feroit aux fers. Heureufement
cette effrayante révolution eft impoffible,
& c'eft l'extinction de ces ufages barbares, qu'on a eu pendant long-temps la
férocité de regarder comme des *Droits*,
qui raffure l'humanité & la raifon, contre
la crainte de voir reparoître un fléau fi
redoutable, & dont les coups étoient fi
multipliés.

On n'y a pas fongé, Monfieur ; mais
foyez fûr que fi l'on joignoit aux anciens
revenus des Princes, le produit des extor-
fions que d'avides & d'infatigables tyrans
fe permettoient fous le nom de *Seigneurs*,
[nom qui ne devroit jamais annoncer
que la protection & la bienfaifance] on
feroit bientôt convaincu qu'il en coûte
moins aux Peuples pour jouir de la fûreté
de leurs perfonnes & de leurs poffeffions,

pour n'avoir aucune invaſion à craindre au dedans & au dehors, qu'il ne leur en coûtoit dans ces temps de Chevalerie & d'oppreſſion, où les Seigneurs meſuroient leur grandeur ſur le nombre & ſur l'étendue des ravages qu'ils commettoient. Vous êtes trop inſtruit pour trouver de l'exagération dans ce que je dis ici. Je me permettrai cependant de l'appuyer d'un exemple, parce qu'il eſt tiré du produit des Droits de Traite que percevoient vos Ducs.

Le Duc François I préſenta à Charles VII des *Requêtes & Remontrances*, dans leſquelles il ſe plaignit, entr'autres choſes, du préjudice que lui cauſoient les Anglois par les priſes qu'ils faiſoient ſur mer. Il dit que ſi ces *inconvéniens* durent, ils entraîneront *la totale perdition du devoir, que icelui Duc a droit de prendre & percevoir en ſes Ports & Havres, montant par an à quarante mille livres au moins.* (1) Pour bien ſentir tout le poids de cette déclaration , il

---

(1) Cette pièce eſt ſans date , mais elle eſt placée entre deux actes , qui ſont l'un & l'autre de 1452 , ain- ſi elle doit être de la même année. *V.* Dom Mor. tom. ſecond col. 1608 des Preuves.

faut

(113)

faut favoir qu'une grande partie de ces
Droits avoient été aliénés ou donnés à
différens Seigneurs. Ces portions données ou aliénées, ne doivent pas être
comptées dans ce qui produifoit au Duc
quarante mille livres de rente. Le Frère
de ce Prince, qui devint dans la fuite
Duc de Bretagne, fous le nom de Pierre
II, poffédoit alors ces Droits, qui lui
avoient été donnés en partage, dans toute
la partie d'entre *Couefnon* & *Arguenon*.
Il faut favoir encore, ou fe rappeler que
le commerce a beaucoup plus que décu-
plé depuis ce temps-là. Cependant ce qui
reftoit dans la main du Duc, de fes Droits
de Ports & Havres, montoit à peu près à
274 mille liv. de notre monnoie actuelle.
La totalité des Traites du Royaume, tant
intérieures que des Frontières, y compris
les Droits fur les Huiles & Savons, de
perception journalière ou abonnés, & les
Droits de 30 fols par livre de Tabac
étranger entrant dans le Royaume, ne
rend annuellement au Roi que 14 millions. On peut juger par là fi les Traites
en Bretagne rendent autant à Sa Majefté,
qu'elles auroient rendu au Duc, s'il les
eût poffédées en entier, & que le commerce de fes Sujets eût été plus que

H *

décuple de ce qu'il étoit alors (1).

Mais indépendamment du peu de connoissance qu'on a de ce que payoient autrefois les Peuples, & au Prince, & aux grands Vassaux, & aux Gens de Guerre, dont le Pays étoit perpétuellement inondé, il faudroit avoir oublié toute l'ancienne Histoire de Bretagne, & n'avoir pas la plus légère idée de police & d'administration générale, pour ne pas avouer que dans les siècles auxquels on voudroit que le nôtre ressemblât à certains égards, la Bretagne ne formoit pas proprement un corps d'Etat, puisqu'il n'y existoit aucun moyen de sûreté ou de commodité intérieure, aucun lien social, aucun intérêt commun: que c'est un bien inappréciable, que l'extinction de l'ancien droit féodal, quoiqu'il en subsiste encore beaucoup plus d'usages qu'on ne croit: que c'est un avantage marqué pour les Vassaux que de n'être plus asservis aux contributions fixées par leur Seigneur particulier, & que de n'avoir pas à payer

____

(1) Peu de temps avant l'acte de 1452, l'argent étoit en Bretagne à 7 liv. le marc. C'est sur cet élément qu'on a évalué le produit des entrées & issues en monnoie actuelle. *V.* D. Mor. tom. 2. col. 1269 des preuves.

des subsides ordonnés par les Etats mêmes
du Pays, pour rétablir les affaires d'un
grand Seigneur, ruiné par ses folles dépenses, par les Guerres particulières qu'il
faisoit à ses voisins, & quelquefois même
à son Souverain : que l'usage ruineux
d'obliger les Seigneurs de Fiefs à s'armer à leurs frais, à servir en personne,
à faire armer & servir leurs Vassaux, sans
que le Prince contribuât à ces énormes
dépenses, tenoit perpétuellement l'Etat
dans le plus grand péril ; parce qu'avec
une multitude de bras armés pour le défendre, il se trouvoit en effet sans défen-
seurs, faute de discipline & d'un centre
de réunion duquel dépend toujours l'effi-
cacité de la défense : qu'enfin la Bretagne
a passé des siècles dans un état d'anarchie ; que pour empêcher ces désordres
de reparoître, & garantir la multitude
des coups que lui portoient sans cesse l'au-
dace, l'ambition, ou le délire d'un ou de
plusieurs grands Propriétaires, il est indispensable de fournir aux dépenses qu'e-
xigent les forces nécessaires au gouvernement, pour maintenir la paix & la sûreté au dedans, & repousser les entreprises du dehors.

Ces objets sont si importans, que je

doute qu'un article de forme , quel qu'il puisse être , doive être mis en balance aux yeux de ceux qui ne consultent que leur cœur & leur raison.

Je ne pousserai pas plus loin mes réflexions. Ceux qui aiment le Bien public n'en ont pas besoin.

Je suis , &c.